Ida Pfeiffer

Eine Frauenfahrt um die Welt

Reise von Wien nach Brasilien, Chili, Otahiti, China, Ost-Indien, Persien und Kleinasien. Band 2

Ida Pfeiffer

Eine Frauenfahrt um die Welt

Reise von Wien nach Brasilien, Chili, Otahiti, China, Ost-Indien, Persien und Kleinasien.
Band 2

ISBN/EAN: 9783956976247

Auflage: 1

Erscheinungsjahr: 2017

Erscheinungsort: Treuchtlingen, Deutschland

Literaricon Verlag UG (haftungsgeschränkt), Uhlbergstr. 18, 91757 Treuchtlingen.
Geschäftsführer: Günther Reiter-Werdin, www.literaricon.de. Dieser Titel ist ein Nachdruck
eines historischen Buches. Es musste auf alte Vorlagen zurückgegriffen werden; hieraus
zwangsläufig resultierende Qualitätsverluste bitten wir zu entschuldigen.

Printed in Germany

Cover: Tamsui-Oberschule, Chen Chengpo, 1936, gemeinfrei

Eine

Frauenfahrt um die Welt.

Reise von Wien

nach

Brasilien, Chili, Otahaiti, China, Ost-Indien,
Persien und Kleinasien

von

Ida Pfeiffer, geb. Reyer.

Verfasserin der „Reise einer Wienerin ins heilige Land" und der „Reise
nach Island und Scandinavien."

Zweiter Band.

Wien, 1850.

Verlag von Carl Gerold.

Inhalt des zweiten Bandes.

China.

Ost-Indien.

Singapore.

Ceylon.

Bengalen.

Madras und Calcutta.

Benares.

Allahabad, Agra und Delhi.

Eine

Frauenfahrt um die Welt.

China.

Noch vor einem Jahre hätte ich kaum gedacht, daß es mir gelingen würde, unter die kleine Zahl der Europäer zu gehören, die dies merkwürdige Land nicht blos aus Büchern, sondern auch durch eigene Anschauung kennen lernten. Ich hätte nicht gedacht, je in Wirklichkeit die Chinesen zu sehen, mit ihren geschornen Häuptern, langen Zöpfen und den häßlichen, schmal geschlitzten, kleinen Augen, gerade so, wie sie auf den Bildern gezeichnet sind, die wir in Europa haben.

Wir hatten kaum die Anker ausgeworfen, so kletterten schon mehrere Chinesen auf unser Deck, während andere in ihren Booten eine Menge schöner Arbeiten, Früchte und Backwerke auskramten, in hübscher Ordnung aufstellten und so in einem Augenblicke rund um unser Schiff einen ganzen Markt bildeten. Einige unter ihnen priesen sogar in gebrochen englischer Sprache ihre Schätze an; doch machten sie insgesammt schlechte Geschäfte, da unsere Mannschaft nur einige Cigarren und Früchte er= handelte.

Kapitän Jurianse miethete ein Boot, und wir setz= ten sogleich an's Land. Bei der Landung mußte für jeden Kopf ein halber spanischer Thaler an den Mandarin ent= richtet werden. Wie ich hörte, wurde bald darauf dieser Mißbrauch abgeschafft. — Wir begaben uns in eines der portugiesischen Handlungshäuser und kamen auf dem Wege dahin durch einen großen Theil der Stadt. Die Euro= päer, sowohl Männer als Frauen, können hier ungehin= dert umher gehen, ohne, wie dieß in andern chinesischen Städten häufig der Fall ist, der Gefahr eines Steinregens ausgesetzt zu sein. In jenen Gassen, die ausschließlich nur von Chinesen bewohnt waren, ging es höchst lebhaft zu. Die Männer saßen häufig in Gruppen, Domino spielend in den Gassen, und in den vielen Buden der Schlosser, Tischler, Schuster u. s. w. wurde gearbeitet, geschwatzt, gespielt und zu Mittag gespeist. Frauen sah ich wenige, und nur von niederem Stande. Nichts verur= sachte mir mehr Vergnügen und Staunen als die Art des Essens der Chinesen: sie bedienen sich zweier Stäbchen, mit= telst welcher sie die Speisen ganz außerordentlich geschickt und zierlich in den Mund führen; nur mit dem Reis geht es nicht so gut, weil dieser nicht in Stücken zusammenhält. Sie neh= men daher das mit Reis gefüllte Gefäß ganz nahe an den weit geöffneten Mund und schieben große Portionen mittelst der Stäbchen hinein, wobei aber gewöhnlich ein Theil auf sehr unappetitliche Weise wieder in das Gefäß zurückfällt. Bei flüssigen Speisen bedienen sie sich runder Porzellanlöffel.

An der Bauart der Häuser fand ich nichts beson=
deres — die Fronte geht gewöhnlich in den Hof oder
Garten.

Ich besuchte unter anderem die Grotte, in welcher
der berühmte Portugiese Camoens seine herrliche Lu=
siade gedichtet haben soll. Er wurde in Folge eines
satirischen Gedichtes (Disperates no India) im Jahre
1556 nach Macao verwiesen, wo er mehrere Jahre bis zu
seiner Zurückberufung lebte. — Die Grotte liegt unfern
der Stadt auf einer reizenden Anhöhe.

Da in Handelsgeschäften nichts zu machen war, so
beschloß der Kapitän den nächsten Morgen wieder in See
zu gehen. Er bot mir freundlichst an, mich nach Hong-
kong als Gast mitzunehmen; ich hatte nämlich die Ueber=
fahrt nur bis Macao ausbedungen. Seine Einladung war
mir um so angenehmer, als ich für Macao keinen einzigen
Empfehlungsbrief hatte, und überdies die Gelegenhei=
ten nach Hong-kong nicht sehr häufig sind.

Unser Schiff lag, des seichten Fahrwassers wegen,
ziemlich weit vom Lande, im Bereiche der Streifereien
der Piraten, die hier äußerst zahlreich und kühn sind. Es
wurden daher für diese Nacht alle Vorsichtsmaßregeln an=
geordnet und eine doppelte Wache ausgestellt.

Noch im Jahre 1842 überfielen die Piraten auf
der Rhede von Macao eine Brigg, tödteten die Mann=
schaft und plünderten das Schiff. Der Kapitän war auf
dem Lande geblieben, die Mannschaft hatte sich sorglos
dem Schlafe überlassen, und nur einen Mann als Wache
ausgestellt. Da, mitten in der Nacht, kam ein Schampan
(kleineres Fahrzeug als eine Dschonke) heran gerudert,

deſſen Anführer dem wachthabenden Manne ein Billet übergab, mit dem Bedeuten, daß es vom Kapitän komme. Während der Matroſe damit an die Laterne trat, um es zu leſen, verſetzte ihm der Pirat einen Schlag auf den Kopf, daß er lautlos zu Boden ſtürzte. Die auf dem Schampan verborgene Mannſchaft erkletterte ſchnell von allen Seiten das Schiff und ward mit Leichtigkeit Meiſter der ſchlafenden Matroſen.

Am 10. Juli Morgens, nach ruhig vergangener Nacht, gingen wir in Begleitung eines Lootſen nach Hongkong in See. Die Entfernung beträgt ſechzig Seemeilen und die Fahrt iſt abwechſelnd und unterhaltend, da man fortwährend an Buchten, Scheeren und Inſelgruppen vorüberſegelt.

Die Engländer erhielten die Inſel Hong-kong von den Chineſen nach dem Kriege im Jahre 1842 und gründeten darauf die Hafenſtadt Victoria, die nun ſchon viele palaſtähnliche, von Quaderſteinen aufgeführte Gebäude zählt.

Die Europäer, deren Zahl ſich nur auf einige Hundert beläuft, ſind hier aber nicht ſehr zufrieden, da der Handel nicht halb ſo gut geht, als man anfangs vermuthete. Die Kaufleute bekommen von der engliſchen Regierung unentgeldlich Bauplätze, mit der Bedingung, Häuſer darauf zu bauen. Viele führten, wie bereits bemerkt, großartige Bauten auf, die ſie nun um den halben Preis verkaufen würden, ja manche gäben gerne den Grund ſammt den Fundamenten zurück, ohne den geringſten Erſatz dafür zu begehren.

Ich gedachte, nur einige Tage in Victoria zu verweilen, weil es mein Wunsch war, sobald als möglich nach Canton zu kommen.

Kapitän Jurianse fügte zu seinen vielen mir bereits erwiesenen Gefälligkeiten auch noch die hinzu, daß ich während der Zeit meines Aufenthaltes auf seinem Schiffe wohnen und speisen konnte, wodurch ich täglich 4 bis 6 Dollars ersparte *). Eben so stand mir das Boot, welches er zum täglichen Gebrauche gemiethet hatte, jederzeit zu Diensten. — Bei dieser Gelegenheit muß ich erwähnen, daß ich noch auf keinem Schiffe so reines, gutes Wasser fand, wie auf dem seinigen. Es ist dies ein Beweis, daß weder die Tropenhitze noch die Zeit das Wasser so leicht verdirbt. Es kömmt nur auf Reinlichkeit und Sorg= falt an, die wohl nur bei Holländern in solcher Weise zu finden sein mag. Nähme sich doch jeder Kapitän, wenig= stens in diesem Punkte, die Holländer zum Muster! Es ist wahrlich eine zu harte Aufgabe, sich mit übelriechendem und ganz trüben Wasser den Durst stillen zu müssen. Leider erfuhr ich diese Unannehmlichkeit auf allen Segel= schiffen, auf welchen die Reise mehrere Monate währte.

Die Lage Victoria's ist nicht sehr reizend, da kahle Gebirge die Umgebung bilden. Die Stadt selbst hat ein europäisches Gepräge, und sähe man nicht chinesische Trä= ger, Arbeiter, Kleinverkäufer u. s. w. auf den Straßen und in den Buden, so würde man kaum glauben, sich auf chinesischem Boden zu befinden. Auffallend war es mir, auf den Straßen keine eingebornen Weiber zu sehen. Man

---

*) Die Preise in den Hôtels zu Macao, Victoria, Canton, sind per Tag von 4 bis 6 Dollars.

hätte denken sollen, daß es daher auch für eine Europäerin gefährlich gewesen wäre, so allein herum zu streifen; aber nie erfuhr ich die geringste Beleidigung oder Beschimpfung von Chinesen; selbst ihre Neugierde war hier nicht belästigend.

In Victoria ward mir das Vergnügen zu Theil, den rühmlich bekannten Herrn G ü ß l a f f kennen zu lernen *). Auch vier andere deutsche Missionäre traf ich da. Sie studiren die chinesische Sprache, kleiden sich chinesisch, lassen sich die Köpfe scheeren gleich den Eingebornen

---

*) Karl Gützlaff ist am 8. Juli 1803 zu Pyriß in Pommern geboren. Schon als Knabe zeigte er viel frommen Sinn und ein ungewöhnliches Talent. Die Eltern ließen ihn das Gürtlerhandwerk lernen. Er arbeitete fleißig; allein es sagte ihm nicht zu. Im Jahre 1821 hatte er Gelegenheit, dem Könige von Preußen ein Gedicht zu überreichen, in welchem er seine Empfindungen und Wünsche aussprach. Der König erkannte darin das Talent des aufstrebenden Jünglings, und man öffnete ihm eine seinen Neigungen entsprechende Laufbahn. Im Jahre 1827 kam er als Missionär nach Batavia, später reiste er nach Bintang, wo er die chinesische Sprache so fleißig studirte, daß er sie in Zeit von zwei Jahren schon fertig genug sprach, um darin predigen zu können. Im Dezember 1831 ging er nach Macao, legte da Schulen für die chinesische Jugend an und begann eine Uebersetzung der Bibel in das Chinesische. Er begründete mit Morison eine Gesellschaft für Verbreitung nützlicher Kenntnisse in China und gab ein chines. monatl. Magazin heraus, in welchem er die Chinesen für Geschichte, Geographie und Literatur zu interessiren suchte. — In den Jahren 1832 und 1833 kam er bis in die Provinz Fo-Kien.

und tragen Zöpfe ebenfalls wie jene. Das Lesen und Schreiben ist in keiner Sprache so schwer wie in der chinesischen, die Schrift besteht aus Charakteren, deren es über 4000 geben soll, die Sprache aus lauter einsilbigen Worten. Man schreibt mit Pinseln, die in Tusch getaucht werden, von der Rechten zur Linken nach der Länge des Papieres herab.

Schon nach einigen Tagen fand ich eine Gelegenheit nach Canton, und zwar auf einer kleinen chinesischen Dschonke. Herr Pustau, ein hiesiger Kaufmann, der sich meiner sehr freundlich angenommen hatte, rieth mir zwar sehr ab, mich so ganz ohne allen Schutz dem chinesischen Volke anzuvertrauen und meinte, ich solle entweder ein eigenes Boot oder einen Platz auf dem Dampfschiffe miethen; aber für meine beschränkten Mittel war dies zu theuer, da ein Platz auf dem Dampfschiffe oder ein gemiethetes Boot zwölf Dollars gekostet hätte, während der Fahrpreis in der Dschonke nur 3 Dollars war. Auch muß ich gestehen, daß mir der Anblick und das Betragen der Chinesen durchaus keine Furcht einflößte. Ich setzte

Die Reisen Gützlaffs haben zu wichtigen Beobachtungen über die chines. Dialekte geführt, sind auch in andrer wissenschaftlicher Beziehung nicht ohne Ausbeute gewesen und verhalfen besonders zur gesunden Kritik der neuerdings über China erschienenen Werke.

Man muß in jeder Hinsicht sein seltenes Talent anerkennen, die unerschütterliche Festigkeit in der Verfolgung seines Vorhabens preisen und seinen andauernden, wissenschaftlichen Eifer wie seinen festen Glaubensmuth bewundern.

Siehe „Konversations-Lexikon der Gegenwart." —

meine Piſtolen in Stand und begab mich am Abende des
12. Juli ganz ruhig an Bord.

Heftiger Regen und die einbrechende Dunkelheit
zwangen mich bald, den innern Raum des Fahrzeuges
aufzuſuchen, wo ich zum Zeitvertreibe meine chineſiſchen
Reiſegefährten beobachtete.

Die Geſellſchaft war zwar keine gewählte, benahm
ſich aber ſehr anſtändig, ſo daß ich ohne Scheu unter ihnen
verweilen konnte. Einige ſpielten Domino, während an=
dere einer Art Mandoline, die mit drei Saiten beſpannt
war, ganz jämmerliche Töne entrangen. Dabei wurde
geraucht und geſchwatzt und ungezuckerter Thee aus klei=
nen Schälchen getrunken — auch mir bot man dieſen
Göttertrank von allen Seiten an! Jeder Chineſe, reich
oder arm, trinkt weder reines Waſſer noch geiſtige Ge=
tränke, ſondern immer ungezuckerten, ſchwachen Thee.

Spät des Abends begab ich mich in meine Kabine,
deren Oberdeck nicht ganz waſſerdicht geſchloſſen war und
unwillkommene Boten des Regens hindurch ließ. Kaum
hatte dies der Schiffskapitän bemerkt, als er mir auch
gleich eine andere Stelle anwies. Ich befand mich da in
Geſellſchaft zweier Chineſinnen, die im vollem Tabakrau=
chen begriffen waren. Sie dampften aus Pfeifchen, nicht
größer als Fingerhüte, konnten aber auch nicht mehr als
vier bis fünf Züge machen, ohne wieder zu ſtopfen.

Meine Nachbarinnen bemerkten bald, daß ich kein
Kopfſchemelchen bei mir hatte; ſie boten mir eines der
ihrigen an und ließen mit Bitten nicht nach, bis ich es
annahm. Man bedient ſich nämlich in China ſtatt der
Kopfkiſſen kleiner Schemel von Bambus oder ſehr

starkem Pappendeckel, die bei 8 Zoll hoch, oben gewölbt, nicht gepolstert sind, und eine Länge von ein bis drei Fuß haben. Es liegt sich darauf besser als man glau= ben sollte.

13. Juli. Als ich am frühen Morgen auf's Deck eilte, um die Einfahrt von der See in die Bocca des Si-kiang oder „Tiger" zu sehen, befanden wir uns schon so hoch im Strome, daß von der Mündung keine Spur mehr zu entdecken war. Ich sah sie jedoch später auf der Rückreise von Canton nach Hong-kong. Der Si-kiang, einer der größeren Ströme China's, der noch eine kurze Strecke vor seinem Eintritte in's Meer, eine Breite von beinahe acht Seemeilen hat, wird an der Mündung von Bergen und Felsen dergestalt eingeengt, daß er die Hälfte seiner Breite verliert. Die Gegend ist schön, und einige Festungswerke auf den Spitzen der Berge verleihen ihr einen romantischen Anstrich.

Bei „Hoo-mun, auch Whampoa" genannt, theilt sich der Strom in mehrere Arme, von welchen jener, der nach Canton führt, Perlfluß heißt. — Whampoa, als Ort zwar unbedeutend, verdient doch bemerkt zu wer= den, da, wegen der vielen Untiefen des Perlflusses, hier alle tiefergehenden Schiffe ankern müssen.

An den Ufern des Perlflusses ziehen sich ungeheure Reispflanzungen hin, die mit Bananen und andern Fruchtbäumen eingesäumt sind. Letztere bilden oft nied= liche Alleen, werden aber weniger der Zierde als der Nothwendigkeit wegen angelegt. Der Reis bedarf näm= lich eines sehr nassen Bodens, und man pflanzt die Bäume dazwischen, damit das Erdreich sich befestigt und

durch die starke Bewässerung nicht weggeschwemmt wird.
Artige Landhäuser in ächt chinesischem Style, mit den
ausgeschweiften, spitzigen und zackichten Dächern, mit den
eingelegten farbigen Ziegeln und Thonplatten, liegen unter
schattigen Baumgruppen; verschiedenartig gebaute Pagoden
(Tas genannt) von drei bis zu neun Stockwerken erheben
sich auf kleinen Erdhügeln in der Nähe von Ortschaften
und ziehen schon von weiter Ferne die Aufmerksamkeit auf
sich. Viele Festungswerke, die aber mehr großen abge-
deckten Häusern gleichen, beschirmen aufwärts den Strom.

Mehrere Meilen vor Canton reihen sich Dörfer an
Dörfer, die alle aus höchst erbärmlichen und großen Theils
auf hohen Pfählen im Strome selbst sich befindenden Baracken bestehen; unzählige Boote, die ebenfalls bewohnt sind,
liegen davor.

Je näher man Canton kömmt, desto mehr nimmt
die Lebhaftigkeit auf dem Fluße, die Zahl der Schiffe und
bewohnten Boote zu. Man sieht Fahrzeuge von den
wunderbarsten Formen — D s ch o n k e n, deren Hintertheil
zwei Stock hoch über das Wasser ragt und gleich einem
Hause mit hohen Fenstern und Gallerien versehen und mit
einem Dache gedeckt ist. Diese Schiffe sind oft von erstaun-
licher Größe und laden bis zu tausend Tonnen. — Ferner
sieht man chinesische K r i e g s s ch i f f e, flach, breit und
lang gebaut, mit 20 auch 30 Kanonen besetzt *), —
M a n d a r i n s b o o t e, die mit ihren bemalten Außen-

---

*) Alle größeren Fahrzeuge haben am Vordertheile große, ein-
gelegte, gemalte Augensterne, mittelst welcher sie, wie die
Chinesen meinen, ihren Weg besser finden.

wänden, Thüren und Fenstern, mit ihren ausgeschnitzten
Gallerien und den farbigen seidenen Flaggen den nied=
lichsten Häusern gleichen, und vor allem die herrlichen
Blumenboote, deren obere Gallerien mit Blumen,
Guirlanden, Arabesken u. dgl. ausgeschmückt sind. Thüren
und Fenster, beinahe in gothischem Style gehalten, führen
in das Innere, das aus einem großen Saale und einigen
Cabinetten besteht. Spiegel, seidene Tapeten zieren die
Wände, Glaslustres und farbige Papierlampen, zwischen
welchen niedliche Körbchen mit frischen Blumen schweben,
vollenden den zauberhaften Anblick.

Diese Blumenboote bleiben immer vor Anker liegen
und dienen den Chinesen bei Tag und Nacht als Unterhal=
tungsorte. Da werden Comödien aufgeführt, Gaukler=
und Tanzkünste produzirt u. s. w. Frauen sind, außer
den einer gewissen Classe angehörigen, nicht gegenwärtig.
Europäern ist der Zutritt gerade nicht verwehrt; doch sind
sie, besonders bei der jetzigen ungünstigen Stimmung,
immer mehr oder weniger Beleidigungen, ja sogar Miß=
handlungen ausgesetzt.

Zu diesen wunderlichen Fahrzeugen denke man sich
nun noch Tausende von kleinen Booten (Schampans), die
theils vor Anker liegen, theils überall durchkreuzen und
durchdrängen, — Fischer, die von allen Seiten ihre
Netze auswerfen, — Kinder und Erwachsene, die sich mit
Baden und Schwimmen belustigen. Man wendet oft
ängstlich den Blick hinweg, wenn man auf den kleinen,
schmalen Booten die Jungen sich balgen und spielen sieht, —
jeden Augenblick meint man, eines der Kleinen über Bord
fallen zu sehen. Vorsichtige Eltern binden den ein = bis

sechsjährigen Kindern ausgehöhlte Kürbisse oder mit
Luft gefüllte Ochsenblasen auf den Rücken, damit, wenn
sie in das Wasser fallen, sie nicht so bald zu Boden sinken.

Alle diese vielseitigen Beschäftigungen der Menschen,
dies unermüdete Leben und Treiben, gewähren Bilder,
von deren Eigenthümlichkeiten man sich wohl schwerlich,
ohne sie gesehen zu haben, einen richtigen Begriff machen
kann!

Seit einigen Jahren erst ist auch uns europäischen
Frauen der Eintritt und Aufenthalt in den Faktoreien zu
Canton gestattet; ich verließ daher ohne Zagen das Fahrzeug. Nur mußte zuvor noch überlegt werden, wie der
Weg nach dem Hause des Herrn Agassiz, an das ich
gewiesen war, zu finden sei. Da ich noch kein chinesisches
Wort sprechen konnte, so mußte ich meine Zuflucht zu
Zeichen nehmen. Ich machte meinem Kapitain begreiflich,
daß ich kein Geld bei mir habe, und daß er mich daher
in die Faktorei führen solle, wo ich ihn bezahlen würde.
Er verstand mich sehr bald, brachte mich dahin, die
daselbst anwesenden Europäer wiesen mir das Haus, und
so war ich geborgen.

Als mich Herr Agassiz ankommen sah und die Art
meiner Reise, die Fußpartie vom Schiffe in sein Haus
erfuhr, war er sehr verwundert und wollte kaum glauben,
daß ich unbeschädigt und ohne Anstand durchgekommen
sei. Nun wurde ich erst inne, wie höchst gewagt es für
mich als Frau gewesen war, allein mit einem chinesischen
Führer die Straßen Canton's betreten zu haben. Es
war dies ein hier noch nie vorgekommener Fall, und Herr
Agassiz meinte, daß ich es meinem besondern Glücke zu

danken hätte, von dem Volke nicht gröblichst beleidigt,
ja wohl gar gesteinigt worden zu sein. In solch einem
Falle würde mein Führer die Flucht ergriffen und mich
meinem Schickfale überlaffen haben.

Wohl hatte ich auf dem Wege vom Schiffe bis zur
Faktorei bemerkt, daß Alt und Jung mir nachschrie und
nachsah, mit Fingern nach mir wies, daß die Leute aus
den Buden liefen und daß sich sogar nach und nach ein
mich begleitender Zug bildete. Was blieb mir wohl
übrig, als gute Miene zum bösen Spiel zu machen, —
ich schritt furchtlos weiter, und vielleicht gerade weil ich
keine Furcht zeigte, geschah mir auch nichts.

Ich war ebenfalls Willens gewesen, nicht lange in
Canton zu verweilen, indem seit dem letzten Kriege der
Engländer mit den Chinesen die Europäer sich hier weniger
als je sehen laffen dürfen. Noch mehr gilt dieser Haß
den Frauen, da es in einer der chinesischen Prophezeihun=
gen heißt, daß einst eine Frau das himmlische Reich
erobern werde. Ich machte mir daher wenig Hoff=
nung, hier etwas zu sehen, und gedachte, meine Wanderung
nach dem Norden Chinas, nach dem Hafen Tschang-hai
fortzusetzen, wo es, wie man mir sagte, leichter sein soll
sich unter Volk und Adel Zutritt zu verschaffen.

Glücklicherweise lernte ich einen Deutschen, Herrn
v. Carlovitz kennen, der bereits einige Jahre in Canton
zugebracht hatte. Er nahm einiges Intereffe an mir und
bot sich sogar zu meinem Mentor an, unter der Bedin=
gung, daß ich mich mit Geduld waffnen wolle, bis die
europäische Post, die in einigen Tagen erwartet werde *),

---

*) Die europäische Post kommt jeden Monat nur einmal.

angekommen sei. Es sind in dieser Zeit die Gemüther der Kaufleute so aufgeregt und beschäftiget, daß sie keine Muße haben, sich mit irgend etwas anderem als ihrer Correspondenz zu befassen. Ich mußte also warten bis der Dampfer nicht nur angekommen, sondern auch wieder abgegangen war, worüber acht Tage verflossen. Herrn Agassiz verdanke ich es, daß mir diese Zeit nicht lang wurde; ich war über alle Maßen gut und herzlich aufgenommen und hatte dabei Gelegenheit, die Lebensweise der hier angesiedelten Europäer kennen zu lernen.

Nur wenige Europäer nehmen ihre Familie mit nach China, am allerwenigsten aber nach Canton, wo Frauen und Kinder beinahe wie im Gefängnisse leben und ihr Haus höchstens in einer wohl verschlossenen Sänfte verlassen können. Ueberdies ist alles so theuer, daß man dagegen in London noch billig lebt. Eine Wohnung von sechs Zimmern sammt Küche kostet jährlich bei 7 bis 800 Dollars. Die Diener bekommen 4 bis 8 Dollars per Monat, — ja Dienerinnen sogar 9 bis 10 Dollars, da die Chinesinnen den Europäern nur dienen wollen, wenn sie überzahlt werden. Zu diesem kommt noch die hier herrschende Sitte, zu jeder Art Verrichtung eine eigene Person zu haben, woraus das Bedürfniß einer großen Anzahl von Dienern entspringt.

Eine Familie von nur vier Köpfen benöthigt wenigstens zehn, zwölf und auch mehr Diener. Erst muß jedes Glied der Familie einen Diener ausschließlich für sich haben; dann hat man einen Koch, einige Kinderwärterinnen und mehrere Cooli, die zu den gemeineren Arbeiten, als: Zimmer reinigen, Holz und Wasser tragen u. s. w. ver=

wendet werden. Bei dieser großen Menge von Dienern ist man dazu oft sehr schlecht bedient, denn geht der eine oder der andere aus und man benöthigt seines Dienstes, so muß man warten bis er wieder kömmt, da kein Diener die Arbeit des andern verrichten würde.

Den ganzen Haushalt leitet der Comprador, eine Art Haushofmeister. Ihm werden alle Silbergeräthe, Möbel, Wäsche u. s. w. übergeben; er nimmt die Diener auf, beköstiget sie, sorgt sonst für ihre Bedürfnisse und steht für ihre Treue ein; zieht aber auch jedem dafür per Monat zwei Dollars ab. Er besorgt alle Einkäufe, die Küchenrechnungen — kurz alle Ausgaben und gibt am Ende jedes Monats die Hauptsumme an, ohne sich viel in Einzelnheiten einzulassen.

Der Comprador hat außer diesen häuslichen Geschäf=ten auch noch die Kasse des Handlungshauses über; durch seine Hände gehen Hunderttausende von Dollars, für deren Aechtheit er gut stehen muß; zum Auszahlen oder Ein=kassiren des Geldes hat er eigene Gehülfen, die mit einer beispiellosen Schnelligkeit jedes Stück besehen und untersuchen. Sie nehmen eine ganze Hand voll Münzen, schnellen sie einzeln mit dem Daumen und Mittelfinger in die Luft, vernehmen so den Klang und besehen zugleich die andere Seite der Münze, da sie gewendet auf die leere Hand zurückfällt. In einigen Stunden sind viele Tausende von Stücken gezählt. Diese genaue Untersuchung ist sehr nothwendig wegen der vielen falschen Dollars, welche die Chinesen verfertigen. Auf jedes Stück wird zum Beweise der Aechtheit der Hausstempel geschlagen, wodurch am Ende die Münzen ganz breit und dünn werden und oft

in mehrere Stücke zerfallen. Die einzelnen Stücke verlieren aber nichts von ihrem Werthe, da die Summe nach
dem Gewichte bestimmt wird. — Außer den Dollars ist
auch reines, ungeprägtes Silber in kleinen Stangen gebräuchlich; man schneidet, je nach dem Betrag der Summe,
kleinere oder größere Stücke davon herab.

Die Kasse befindet sich im Erdgeschoße in dem
Zimmer des Comprabors, und der Europäer hat mit
dem Gelde nichts zu schaffen, trägt auch nie welches
bei sich.

Der Comprabor erhält keinen Gehalt, sondern hat
von jedem Handlungsgeschäfte Prozente, — von den
Hausrechnungen weiß er sich deren zu machen. Uebrigens sind diese Leute im allgemeinen verläßlich; sie er-
legen an die Mandarine (hohe Beamte, Minister) eine
Kaution, worauf diese für sie einstehen.

Die tägliche Lebensweise der hier ansäßigen Europäer
ist ungefähr folgende: Nachdem man aufgestanden ist und
eine Tasse Thee auf seinem Zimmer getrunken hat, nimmt
man ein kaltes Bad. Nach neun Uhr ist das Frühstück,
welches aus gebratenen Fischen oder Cotelets, kaltem Braten, weichen Eiern, Butter, Brot und Thee besteht. —
Nun geht alles an seine Geschäfte bis zur Zeit des Mit-
tagmahles, welches gewöhnlich um vier Uhr eingenommen
wird. Da gibt es Schildkrötensuppe, Curri *) und Reis,

---

*) Ein sehr scharfes Gericht, das aus Ingwer, rothem Pfeffer,
Knoblauch und Zwiebeln besteht. Diese Ingredienzien werden auf einer Steinplatte mittelst einer Steinwalze zu einer
feinen Salbe zerrieben; hieraus wird dann eine Sauce gemacht und diese mit Reis gegessen.

Braten, auch Ragouts und Mehlspeisen. Alle Speisen,
Curri und Reis ausgenommen, sind auf englische Weise
zubereitet und zwar von chinesischen Köchen. Zum Nach=
tische nimmt man Käse und Früchte, als: Ananase,
Long=yen, Mango, Lytschi u. s. w. Von letzterer
Frucht behaupten die Chinesen, sie sei die beste auf Erden.
Sie ist von der Größe einer Nuß, hat eine braunrothe,
etwas warzige Schaale, zartes und weißes Fleisch und
einen schwarzen Kern. Die Long=yen ist etwas kleiner,
hat auch weißes und zartes Fleisch, schmeckt aber etwas
wässerig; ich fand beide Früchte nicht sehr gut. Die Ananas
schien mir nicht so süß und aromatisch schmackhaft wie die
in den europäischen Glashäusern, nur sind die hiesigen
bedeutend größer als jene in Europa.

Die Getränke bestehen aus portugiesischem Weine
und englischem Biere. Zu jedem Getränke wird Eis ge=
boten, das in kleine Stücke zersplittert und in ein Tuch
eingeschlagen ist. — Das Eis ist ein ziemlich kostbarer
Artikel, da es von Nordamerika gebracht wird. Abends
genießt man Thee.

Während der Mahlzeiten verbreitet eine große Punka
Kühlung und Luftzug über die ganze Gesellschaft. — Die
Punka ist ein 8 — 10 Fuß langer, 3 Fuß hoher Rah=
men, der mit weißem Perkal überzogen ist und an star=
ken Schnüren von der Zimmerdecke herab hängt. Eine
Schnur geht gleich einem Glockenzuge durch die Zimmer=
wand in ein Nebengemach oder in das Erdgeschoß, wo
ein Diener sie gleichmäßig anzieht und dadurch den Rah=
men in steter langsamer Bewegung erhält, die den ange=
nehmsten Luftzug bewirkt.

Das Leben der Europäer kömmt, wie man sieht, sehr theuer, — die Kosten einer Haushaltung kann man des Jahres geringe auf 30,000 Franken (6000 Dollars) anschlagen, — eine sehr bedeutende Summe, wenn man bedenkt, wie wenig man dafür genießt: man hält weder Pferde noch Wagen, es gibt keine Unterhaltungs = und Versammlungsorte, nichts von alle dem; — das einzige Vergnügen mancher Herren besteht darin, ein Boot zu haben, für dessen Miethe sie den Monat sieben Dollars zahlen, oder des Abends in einem kleinen Garten zu lust= wandeln, welchen die in Canton ansässigen Europäer zu ihrem Vergnügen anlegen ließen. Er befindet sich der Faktorei gegenüber und ist von drei Seiten mit Mauern umgeben, die vierte wird vom Perlflusse bespült.

Dagegen lebt das chinesische Volk ungemein billig; ein Mann kann des Tages mit 60 Cash (1200 machen einen Dollar) ganz gut auskommen. Der Arbeitslohn ist daher auch sehr gering; man kann z. B. ein Boot den Tag um einen halben Dollar miethen, von welchem Ein= kommen oft eine Familie von sechs bis neun Köpfen lebt. Freilich sind die Chinesen in der Auswahl der Lebens= mittel nicht besonders lecker, — sie essen Hunde, Katzen, Mäuse und Ratten, das Eingeweide des Geflügels, das Blut jedes Thieres, ja sogar, wie man mir sagte, die Seidenraupen, Regenwürmer und das gefallene Vieh. Ihre Hauptnahrung ist Reis, der nicht nur als Speise, sondern auch statt des Brotes dient. Er ist sehr wohl= feil, — der Pikul (100 Wiener = oder 125 Hamburger Pfund) kostet von 1¾ bis 2½ Dollars.

Der Anzug beider Geschlechter des gemeinen Volkes be=

steht aus weiten Hosen und langen Ueberkleidern und zeichnet
sich durch grenzenlose Unsauberkeit aus. Der Chinese ist ein
Feind der Bäder und Waschungen, er trägt kein Hemd, die
Hose aber so lange, bis sie am Körper zerreißt. Die
Ueberkleider reichen bei den Männern bis über die Kniee,
bei den Weibern noch etwas tiefer. Der Stoff ist Nanking
oder Seide, die Farbe dunkelblau, braun oder schwarz.
Während der kälteren Jahreszeit ziehen sie ein Sommer=
kleid über das andere und halten die Gewänder durch
Leibbinden zusammen; in der großen Hitze aber läßt man
letztere lose um den Körper flattern.

Das Haupt ist bei den Männern geschoren bis auf
einen kleinen Theil am Hinterkopfe, wo die Haare sorgfältig
gepflegt und zu einem Zopfe geflochten werden. Je stärker
und länger der Zopf ist, desto stolzer ist der Besitzer
darauf; man flicht daher falsches Haar und schwarzes
Band ein, und so reicht ein solcher Zopf oft bis an den
Knöchel des Fußes. Während der Arbeit wird er um
den Hals geschlagen, beim Eintritte in ein Zimmer aber
hinabgelassen, da es gegen den Anstand und die Artig=
keit wäre, mit umgewickelten Zopfe zu erscheinen. —
Die Frauen behalten ihr volles Haar. Sie kämmen selbes
ganz aus der Stirne zurück und flechten und stecken es
höchst kunstvoll am Haupte fest, wozu sie zwar viel Zeit
verwenden; doch währt so ein Haarputz auch eine ganze
Woche. Männer und Weiber gehen theils ohne Kopfbe=
deckung, theils tragen sie Hüte von dünnem Bambus, die
oft gegen drei Fuß im Durchmesser haben, vor Sonne und
Regen schützen und dabei unendlich leicht und unverwüst=
lich sind.

Die Fußbekleidung besteht aus genähten Strümpfen und Schuhen von schwarzen Seiden = oder Wollstoffen; die Sohle an den Schuhen, über einen Zoll hoch, ist von dicker Pappe oder Filz, der mehrfach auf einander geklebt ist. Die ärmeren Leute gehen ohne Fußbekleidung.

Die Häuser des Volkes, armselige Baracken, sind von Ziegeln oder Holz erbaut, die innere Einrichtung ist höchst erbärmlich: ein schlechter Tisch, einige Stühle, ein Paar Bambusmatten, Kopfschemelchen und alte Decken bilden den ganzen Hausrath; doch fehlen nirgends einige Blumentöpfe.

Die billigste Art Wohnung ist der Besitz eines Bootes. Der Mann geht auf das Land in die Arbeit, und das Weib sucht unterdessen durch Spazier = oder Ueberfahrten eben= falls zur Erhaltung der Familie beizutragen. Die eine Hälfte des Bootes gehört der Familie, die andere dem Miether, und obwohl der Raum außerordentlich be= schränkt ist (das ganze Boot mißt kaum 25 Fuß in der Länge), so herrscht doch die größte Reinlichkeit und Ord= nung, denn jeden Morgen wird alles gescheuert und ge= waschen. Jedes Fleckchen ist äußerst sinnreich benützt, sogar zu einem winzigen Hausaltare findet sich Platz. Unter Tages wird gekocht und gewaschen, wobei es nicht an kleinen Kindern fehlt, und dennoch wird der Miether nicht im geringsten belästigt; kein eklicher Anblick bietet sich ihm dar, und er vernimmt nur höchst selten die wei= nerliche Stimme eines der armen Kleinen. Während die Mutter das Ruder führt, trägt sie ihr Jüngstes auf den Rücken gebunden. Die größeren Kinder haben auch zu= weilen dergleichen festgebundene Lasten; springen und

klettern aber damit herum, ohne im geringsten darauf
Rücksicht zu nehmen. Oft sah ich mit Wehmuth, wie das
Köpfchen eines kaum gebornen Kindes bei jedem Sprunge
des älteren von einer Seite auf die andere geworfen
wurde, oder wie die brennende Sonne so aufs unbedeckte
Haupt stach, daß das Kindchen kaum die Augen zu öffnen
vermochte. — Von der Armuth und Beschränktheit einer
chinesischen Bootfamilie ist es wahrlich schwer sich einen
Begriff zu machen.

Man beschuldigt die Chinesen, daß sie viele der
neugebornen oder schwächlichen Kinder tödten. Sie sollen
selbe entweder gleich nach der Geburt ersticken und in
den Fluß werfen oder in den Straßen aussetzen, welch
letzteres das grausamste ist, da es viele Schweine und
herrenlose Hunde gibt, die dann mit Heißhunger über die
gebotene Beute fallen. Am häufigsten mag dies mit Mädchen geschehen, denn was die Knaben betrifft, so schätzt
sich jede Familie glücklich, deren zu haben, da es ihre
Pflicht ist, die Eltern in den alten Tagen zu ernähren, —
ja der älteste Sohn muß, Falls der Vater stirbt, dessen
Stelle vertreten und für seine übrigen Geschwister sorgen,
wogegen diese ihm unbedingt zu folgen und in allem die
höchste Achtung zu erweisen haben. — Auf Erfüllung
dieser Gesetze wird sehr strenge gehalten und jeder dawi-
derhandelnde mit dem Tode bestraft.

Großvater zu sein betrachten die Chinesen als Ehre,
und um diesen Vorzug kenntlich zu machen, trägt jeder
so beglückte Mann einen Schnurrbart. Diese grauen,
magern Bärte fallen um so mehr in die Augen, da man

an den jungen Männern nicht nur keine Schnurrbärte,
sondern überhaupt gar keine Bärte sieht.

Was die Sitten und Gebräuche der Chinesen anbe=
langt, so bin ich nur im Stande einzelner zu erwähnen, in=
dem es für den Fremden schwer, ja beinahe unmöglich ist,
dieselben kennen zu lernen. Ich bemühte mich, so viel
als möglich davon zu sehen, begab mich bei allen sich dar=
bietenden Gelegenheiten unter das Volk und schrieb dann
getreulich nieder, was ich alles bemerkt hatte.

Als ich eines Morgens ausging, begegneten mir
mehr denn fünfzehn Verbrecher, die alle in das hölzerne
Joch (Can-gue) gesperrt waren und zur Schau in den
Straßen umher geführt wurden. Es besteht dieses Joch
aus zwei großen Stücken Holz, die sich ineinander fügen
und eine bis drei Oeffnungen haben, durch welche, je nach
der Größe des Vergehens, der Kopf und eine oder beide
Hände gesteckt werden. Ein solcher Block wiegt 50 bis
100 Pfund und drückt so schwer auf Achseln und Schul=
tern, daß der arme Verbrecher nie die Nahrung selbst zum
Munde führen kann, sondern warten muß, bis ihn irgend
eine mitleidige Seele füttert. — Solche Strafen währen
von einigen Tagen bis zu mehreren Monaten; im letz=
teren Falle erliegt der Verbrecher fast immer.

Eine andere Strafe ist das Prügeln mit dem Bam=
busrohre, welches, wenn es auf zarte Theile des Körpers
geschieht, das Opfer oft schon nach dem fünfzehnten
Streiche seiner irdischen Leiden für immer enthebt. —
Weitere Strafen, die jenen der christlichen Inquisition
nichts nachgeben, sind: Haut abziehen, Glieder einquet=
schen, Sehnen aus den Füßen lösen u. s. w. Die Todes=

urtheile erscheinen dagegen milde — sie lauten auf Er=
würgen und Köpfen; doch sagte man mir, daß in einzel=
nen, ganz besondern Fällen noch das Zersägen und das
Verhungernlassen stattfinde. Bei ersterem wird das arme
Opfer zwischen zwei Bretter gepreßt und von oben durch=
gesägt, bei letzterem entweder bis an den Kopf in die
Erde gegraben und so dem Hungertode überlassen, oder
es wird ihm das hölzerne Joch umgelegt und von Tag
zu Tag weniger Nahrung gegeben, bis es am Ende nur
einige Reiskörner bekömmt. Ungeachtet der harten, grau=
samen Strafen und Todesarten soll man indessen doch
Leute finden, die gegen Bezahlung sich für andere strafen,
ja tödten lassen.

Im Jahre 1846 wurden in Canton 4000 Menschen
geköpft. Es waren zwar die Verbrecher von zwei Provin=
zen, die zusammen neunzehn Mill. Einwohner zählen; dessen
ungeachtet ist dies aber doch eine furchtbare Menge. Sollte
die Zahl der Verbrecher wirklich so groß sein — oder
verhängt man die Todesstrafe so leicht — oder ist viel=
leicht beides der Fall?!

Ich kam einmal zufällig in die Nähe des Richtplatzes
und sah zu meinem Entsetzen eine große Reihe noch blu=
tender Köpfe auf hohen Stangen zur Schau ausgestellt.
Die Körper dürfen die Verwandten hinwegnehmen und
begraben.

In China gibt es verschiedene Religionen; die aus=
gebreiteste ist der Buddhismus. Er enthält sehr vielen
Aberglauben und Götzendienst und ist gewöhnlich die Re=
ligion des niederen Volkes. Die natürlichste ist jene
des weisen Con-fut-zee, welche auch die Religion des

Hofes, der Beamten, der Gelehrten und der gebildeten Stände sein soll.

Die Bevölkerung China's besteht aus vielen und sehr verschiedenen Stämmen, deren Charakteristik zu geben ich leider unvermögend bin, da die Zeit meines Aufent= haltes in China viel zu kurz hiezu war. Das Volk, wel= ches ich in Canton, Hong-kong und Macao gesehen habe, ist von mittlerer Größe. Die Farbe der Haut ist, je nach der Beschäftigung, verschieden; der Landmann, der Träger ist ziemlich sonnenverbrannt, der Reiche, die vornehme Frau weiß. Die Gesichtsbildung ist breitgedrückt und häßlich; die Augen sind schmal, etwas schief geschlitzt und stehen weit auseinander, die Nase ist breit und der Mund groß. Die Finger an den Händen fand ich bei vielen ungewöhnlich lang und mager. Die Nägel daran lassen nur die Reichen (beiderlei Geschlechtes) zum Beweise, daß sie nicht, gleich den Geringeren, nöthig haben, durch Händearbeit ihr Brod zu verdienen, übermäßig lang wachsen; gewöhnlich sind dergleichen aristokratische Nägel einen halben Zoll lang — bei einem einzigen Manne sah ich sie von der Länge eines starken Zolles, und auch das nur an der linken Hand. Mit dieser konnte er einen flachen Gegenstand nicht aufheben, ohne die Hand flach darauf zu legen und die Sache zwischen die Finger zu klemmen.

Die Frauen der Vornehmen sind im Durchschnitte zum Fettwerden geneigt — eine Beschaffenheit, die hier nicht nur am weiblichen, sondern auch am männlichen Geschlechte hoch geschätzt wird.

Obwohl ich viel über die kleinen Füße der Chine=

sinnen gelesen hatte, überraschte mich doch deren Anblick im höchsten Grade. Durch Vermittlung einer Missionärs=Frau (Mad. Balt) gelang es mir, solch ein Füßchen in natura zu sehen. Die vier Zehen waren unter die Fußsohle gebogen, an dieselbe fest gepreßt und schienen mit ihr wie verwachsen, nur die große Zehe ließ man ungestört auswachsen. Der Vordertheil des Fußes war mit starken, breiten Bändern so zusammengeschnürt, daß er, statt in die Breite und Länge, in die Höhe ging und sich mit dem Rohre des Fußes vereinte; an der Stelle des Knöchels bildete sich daher ein dicker Klumpen, der sich an das Bein anschloß. Der Untertheil hatte kaum vier Zoll Länge und anderthalb Zoll Breite. Der Fuß wird stets in weißes Linnen oder in Seide gewickelt, mit starken breiten Seidenbändern umwunden und in niebliche Schuhe mit sehr hohen Absätzen gesteckt.

Zu meiner Verwunderung trippelten diese verstüm=melten Geschöpfe trotz uns breitfüßigen Wesen, ziemlich schnell einher, nur mit dem Unterschiede, daß sie dabei gleich Gänsen wackelten; sie stiegen sogar Trepp auf und ab ohne Hilfe eines Stockes.

Von dieser chinesischen Verschönerung sind nur die Mädchen der ärmsten Klasse, das ist jener, die in Booten wohnt, ausgenommen; in den vornehmen Familien trifft alle das Loos, in den geringeren gewöhnlich die erstge=borne Tochter.

Der Werth der Bräute wird nach der Kleinheit der Füße bestimmt.

Man nimmt diese Verstümmlung nicht an dem neu=gebornen Kinde vor, sondern wartet damit bis zum voll=

enbeten erſten, manchmal auch bis zum dritten Jahre.
Auch wird der Fuß nach der Operation nicht, wie manche
behaupten, in einen eiſernen Schuh gezwengt, ſondern nur
mit feſten Bändern zuſammengeſchnürt.

Die Chineſen dürfen, ihrer Religion gemäß, viele
Frauen halten; doch ſtehen ſie in dieſem Punkte den Mu=
hamedanern weit nach. Die Reichſten haben ſelten mehr
als ſechs bis zwölf Frauen, die Armen begnügen ſich mit
einer einzigen.

Ich beſuchte in Canton, ſo viel mir möglich war,
die Werkſtätten verſchiedenartiger Künſtler. Mein erſter
Gang galt den vorzüglichſten Malern, und ich muß ge=
ſtehen, daß mich die Lebhaftigkeit und der Glanz ihrer
Farben wirklich frappirte. Man ſchreibt ihn hauptſäch=
lich dem Reispapiere zu, worauf ſie malen, und welches
von ausgezeichneter Feinheit und Milchweiße iſt.

Die Arbeiten auf Leinwand oder Elfenbein unter=
ſcheiden ſich in Betreff der Farben ſehr wenig von denen
unſerer europäiſchen Künſtler, deſto mehr aber in Betreff
der Compoſition und der Perſpektive, worin die Chineſen
noch in der erſten Anfangsperiode ſtehen. Ganz beſon=
ders gilt dies von der Perſpektive. Die Figuren oder
Gegenſtände des Hintergrundes wetteifern an Größe und
Lebhaftigkeit der Farben mit jenen des Vordergrundes,
und Flüſſe oder Seen ſchweben gar oft in der Höhe an
der Stelle der Wolken. Dagegen wiſſen ſie ſehr gut zu
kopiren*) und ſogar zu porträtiren. Ich ſah Porträts,

---

*) Wenn ſie ein Bild kopiren, theilen ſie es, wie unſere
Künſtler, in Quadrate ein.

so richtig getroffen und gezeichnet, so herrlich in Farben
ausgeführt, daß sich tüchtige, europäische Künstler der Ar=
beit nicht zu schämen gebraucht hätten.

Von ausgezeichneter Geschicklichkeit sind die Chinesen
in Schnitzereien in Elfenbein, Schildkröte und Holz.
Besonders trifft man unter den Arbeiten in schwarzem, fei=
nem Lack mit flachen oder erhabenen Goldzeichnungen oft
Gegenstände, die jeder Schatzkammer als große Zierde
dienen könnten. Ich sah kleine Damen=Nähtischchen bis
zum Werthe von 600 Dollars. — Eben so ausgezeichnet
schön sind die Körbchen, Tapeten u. d. g., die sie aus
Bambus verfertigen.

Weit weniger leisten sie in Gold= und Silberarbei=
ten, die alle meist plump und geschmacklos sind. Dagegen
haben sie in der Fabrikation des Porzellans einen großen
Ruf erlangt. Ihre Fabrikate zeichnen sich sowohl durch
Größe als Durchsichtigkeit aus. Vasen und andere Ge=
fäße von vier Fuß Höhe waren zwar weder durchsich=
tig noch leicht; aber Tassen und kleine Gegenstände
zeichneten sich durch eine Feinheit und Durchsichtigkeit
aus, die nur dem Glase zu vergleichen war. Die
Farben der Malereien sind sehr lebhaft, die Zeichnungen
aber steif und schlecht.

In Verfertigung von Seidenstoffen und Crepontüchern
fand ich sie unübertrefflich; die letzteren besonders sind
an Schönheit, Geschmack und Dichte des Stoffes bei wei=
tem den französischen und englischen vorzuziehen.

Die Musik steht hingegen auf einer so niedrigen
Stufe, daß die guten Chinesen hierin beinahe den wilden
Völkern zu vergleichen sind. Es fehlt ihnen zwar nicht

an Instrumenten, wohl aber an der Kunst, selbe zu be=
handeln. Sie haben Violinen, Guitarren, Lauten (alle
mit Saiten oder Eisendraht bezogen), Hackbretter, Blas=
instrumente, Trommeln, Pauken und Becken, kennen aber
weder Composition noch Melodie oder Vortrag: sie schar=
ren, kratzen und schlagen auf ihre Instrumente der Art,
daß sie den vollkommenen Effekt einer Katzenmusik her=
vorbringen. Ich hatte auf meinen Fahrten auf dem Perl=
flusse mehrmals Gelegenheit, solch kunstvolle Aufführun=
gen auf Mandarins= und Blumenbooten zu hören.

Im Betrügen sind sie viel geschickter, und überlisten
ganz gewiß jeden Europäer. Auch haben sie dabei gar
kein Ehrgefühl; kömmt ihr Betrug an den Tag, so sagen
sie höchstens: „Der war geschickter oder schlauer als ich.“
— Man erzählte mir, daß, wenn sie lebende Thiere als,
Kälber, Schweine u. dgl. verkaufen, sie dieselben, da
ihr Werth nach dem Gewichte bestimmt wird, zwingen,
Steine oder große Quantitäten Wasser zu verschlucken.
Auch das Fleisch des getödten Geflügels, wissen sie so
aufzublasen und herzurichten, daß es vollkommen frisch,
voll und fett aussieht.

Aber nicht nur das gemeine Volk ist so schlecht und
betrügerisch, — diese schönen Eigenschaften erstrecken sich
bis auf die höchsten Beamten. So weiß man, daß es
nirgends mehr Piraten gibt als in der chinesischen See,
und ganz besonders in der Umgebung Cantons; dennoch
geschieht nichts zu ihrer Bestrafung oder Vertreibung,
indem es die Mandarinen nicht unter ihrer Würde finden,
mit jenen in heimlicher Verbindung zu stehen.

Der Opiumhandel z. B. ist verboten, — trotzdem

wird jährlich so viel eingeschmuggelt, daß der Werth dieser Einfuhr jenen der Ausfuhr des Thee's übersteigen soll *) Die Kaufleute verstehen sich mit den Beamten und Mandarinen, man bedingt eine Summe für jeden Pikul, und nicht selten bringt der Mandarin selbst ganze Schiffsladungen unter seiner Flagge an's Land.

So soll sich auf einer der Inseln unweit Hong-kong eine ausgebreitete Falschmünzerei befinden, die ganz ungestört arbeitet, da sie an die Beamten und den Mandarin einen Tribut bezahlt. Kürzlich wurden einige Räuberschiffe, die sich gar zu nahe an Canton gewagt hatten, in den Grund geschossen, wobei die Mannschaft verunglückte und der Anführer gefangen genommen wurde. Die Piratengesellschaft ersuchte in einem Schreiben die Regierung um Freigebung des Anführers und drohte im Verweigerungsfalle mit großen Brandlegungen. Jedermann war überzeugt, daß diesem Drohbriefe noch eine Summe Geldes beigefügt war, denn nach kurzem hieß es, der Verbrecher sei entschlüpft.

Ich erlebte in Canton einen Fall, der mir große Angst verursachte, und der die Ohnmacht oder Willenlosigkeit der chinesischen Regierung genügend beweiset.

Am 8. August fuhr Herr Agassiz mit einem Freunde nach Whampoa, gedachte aber noch des Abends zurückzukehren. Ich blieb mit den chinesischen Dienern allein im Hause. Herr Agassiz kam nicht; — endlich in der Nacht gegen ein Uhr vernahm ich plötzlich laute Stimmen, und man schlug mit Heftigkeit an das Hausthor. Anfangs

---

*) Der Pikul unpräparirten Opiums kömmt auf 600 Dollars.

dachte ich, es sei Herr Agassiz und wunderte mich sehr
über die laute Nachhausekunft; bald aber gewahrte ich,
daß der Lärm nicht in unserm, sondern im gegenüberliegenden Hause statt hatte. Es ist ein solcher Irrthum
sehr leicht, da die Häuser sich ganz nahe stehen und die
Fenster Tag und Nacht offen sind. — Ich hörte rufen:
Stehen Sie auf, kleiden Sie sich an! — und dazwischen wieder: Es ist fürchterlich! es ist entsetzlich!
Gott! wo, wo ist es geschehen? — — Ich sprang aus
dem Bette und warf eilig ein Kleid um, mit dem Gedanken,
es müsse entweder Feuer oder ein Aufstand ausgebrochen
sein *).

Als ich einen der Herren in der Nähe eines Fensters
gewahrte, rief ich hinüber und bat ihn, mir zu sagen,
was so schreckliches vorgefallen sei. Er erzählte mir in
Eile, man habe so eben die Nachricht gebracht, daß zwei
seiner Freunde, die nach Hong-kong fahren wollten (Whampoa lag auf dem Wege) von Piraten überfallen und der
eine ermordet, der andere verwundet worden sei. — Er
verließ gleich darauf das Fenster, so daß ich ihn nicht um
den Namen des Unglücklichen fragen konnte und so während
der ganzen Nacht in Angst schwebte, ob man diese Unthat
nicht an Hrn. Agassiz verübt habe.

Glücklicherweise war wenigstens dies nicht der Fall,

---

*) Besonders letzteres war täglich zu erwarten, und das Volk
  ließ sich verlauten, daß spätestens am 12. oder 13. August
  eine Revolution ausbrechen werde, in welcher alle Europäer ihr Leben verlieren sollten. — Man denke sich meine
  Lage, — ich war mir ganz allein überlassen und nur von
  Chinesen umgeben.

denn Herr Agassiz kam des Morgens um fünf Uhr nach Hause.

Ich erfuhr nun, daß dieses Unglück Herrn Vauchée, einen Schweizer getroffen hatte, der manchen Abend bei uns gewesen war. Noch am Tage seiner Abreise sah ich ihn bei unserm Nachbar, wo es munter und lustig her= ging und bis nach acht Uhr Abends die schönsten Lieder und Quartette gesungen wurden. Um 9 Uhr begab er sich in das Boot, um 10 Uhr wurde abgefahren und eine Viertelstunde darauf, mitten unter tausenden von Scham= pans und andern Fahrzeugen, fand er sein trauriges Ende.

Herr Vauchée hatte die Absicht gehabt, nach Hong- kong zu fahren und sich daselbst auf einem größeren Schiffe nach Tschang-hai *) einzuschiffen; er führte Schweizer= Uhren im Werthe von 40,000 Franken mit sich und er= zählte noch seinen Freunden, wie vorsichtig er selbe ein= gepackt, ohne daß seine Diener etwas davon gesehen hätten. Dieß scheint aber doch nicht der Fall gewesen zu sein, und da die Piraten in jedem Hause unter der Die= nerschaft Spione haben, so waren sie von allem leider nur zu gut unterrichtet.

Während meines Aufenthaltes zu Canton wurde das Haus eines Europäers von dem Volke zerstört, weil es auf einem Grunde stand, der zwar von Europäern bewohnt werden durfte, bisher aber noch nicht bewohnt worden war.

So vergingen selten Tage, ohne daß man von Un=

---

*) Einer der neueren Hafenorte, der den Engländern im Jahre 1842 eröffnet wurde.

fügen oder Gewaltthätigkeiten hörte, und man lebte in
immerwährender Angst, besonders da sich das Gerücht
einer nahe bevorstehenden Revolution verbreitet hatte, in
welcher alle Europäer getödtet werden sollten. Gar viele
Kaufleute waren zu augenblicklicher Flucht bereit, und
in den meisten Comptoirs waren Musketen, Pistolen
und Säbel in zierlicher Ordnung aufgestellt. — Glücklicherweise ging die für den Ausbruch der Revolution be-
stimmte Zeit vorüber, ohne daß das Volk seine Drohung
erfüllte.

Die Chinesen sind im höchsten Grade feige, — sie
sprechen groß, wenn sie sicher sind, selbst keinen Schaden zu
leiden, z. B. wenn es gilt, einzelne zu steinigen, auch wohl
zu tödten. Wo sie aber auf Widerstand zu rechnen haben,
da greifen sie sicher nicht an. Ich glaube, daß ein Dutzend
guter europäischer Soldaten wohl hundert chinesische in die
Flucht schlüge. Mir ist noch kein feigeres, falscheres und
dabei grausameres Volk vorgekommen als das chinesische.
Ein Beweis dafür ist unter anderen, daß ihr größtes
Vergnügen darin besteht, Thiere zu quälen.

Trotz der ungünstigen Stimmung des Volkes wagte
ich viele Gänge. Herr von Carlovitz hatte viel Güte
und Geduld, mich überall hin zu begleiten, und setzte sich
meinetwegen gar manchen Gefahren aus. Er ertrug es
mit Gelassenheit, wenn das Volk hinter uns nachstürmte
und seinen Zorn über die Kühnheit der europäischen Frau,
sich öffentlich zu zeigen, in Worten Luft machte. — Durch
seine Verwendung sah ich mehr, als je eine Frau in China
gesehen hatte.

Unser erster Ausflug ging nach dem berühmten Tempel Honan, welcher zu den schönsten in China gehören soll.

Der Tempel ist mit seinen ausgedehnten Nebengebäuden und großen Gärten von einer hohen Mauer umgeben. Man betritt zuerst einen großen Vorhof, an dessen Ende ein kolossales Portal in die innern Höfe führt. Unter dem Bogen dieses Portals sind zwei Kriegsgötter angebracht, jeder von 18 Fuß Höhe, in drohender Stellung und mit fürchterlich verzerrtem Gesichte. Sie sollen bösen Geistern den Eingang verwehren. Ein zweites ähnliches Portal, unter welchem die vier himmlischen Könige aufgestellt sind, führt in den innersten Hof, in welchem sich der Haupttempel befindet. Das Innere dieses Tempels ist hundert Fuß lang und eben so breit. Die flache Decke, von welcher eine Menge Glaslustres, Lampen, künstlich verfertigte Blumen und farbige Seidenbänder herabhängen, ruht auf einigen Reihen hölzerner Säulen. Viele Statuen, Altäre, Blumen = und Räuchergefäße, Kandelaber, Leuchter und andere Zierathen erinnern unwillkürlich an die Ausschmückung einer katholischen Kirche.

Im Vordergrunde stehen drei Altäre, hinter diesen drei Statuen, welche den Gott Buddha in dreierlei Gestalten, in jener der Vergangenheit, der Gegenwart und der Zukunft darstellen. Die Figuren sind kolossal und in sitzender Stellung.

Zufällig hielt man gerade Gottesdienst, als wir den Tempel besuchten — es war eine Art Todtenmesse, welche ein Mandarin für eine seiner verstorbenen Gattinen halten ließ. — Am rechten und linken Altare befanden sich die Priester, deren Gewänder und sogar Ceremonien ebenfalls jenen

der katholischen Priester glichen. Am Mittelaltare befand sich der Mandarin, andächtig betend und sich dabei
von zwei Dienern mittelst großer Fächer Luft zuwehen las-
send *). Er küßte sehr häufig den Boden, worauf ihm
jedesmal drei Rauchkerzchen gereicht wurden, die er
erst in die Höhe hob und dann einem Priester gab,
der sie vor einer der Buddha - Statuen aufpflanzte,
jedoch ohne sie anzuzünden. — Die Musikkapelle war
aus drei Männern gebildet, von welchen einer auf
einem Saiteninstrumente scharrte, während der zweite auf
eine metallenen Kugel schlug und der dritte auf einer
Flöte blies.

Außer diesem Haupttempel gibt es noch verschiedene
Hallen und Tempelchen, die mit Statuen von Göttern
ausgeschmückt sind. Eine besondere Verehrung genießen
die 24 Götter der Barmherzigkeit und Kwanfootse, ein
Halbgott des Krieges. Von ersteren haben manche vier,
sechs, ja auch acht Arme. Alle Gottheiten, Buddha
nicht ausgenommen, sind von Holz, vergoldet und meist
mit schreienden Farben bemalt.

---

*) Seine Kleidung bestand aus einem weiten Oberkleide, das
bis an die Kniee reichte und mit offen flatternden Aermeln
versehen war; darunter sah man ein weißseidenes Bein-
kleid. Das Oberkleid war von Brokat in lebhaften Farben
und bizarren Mustern. Auf der Brust hatte er zwei Vögel als Abzeichen des Ranges, nebst einem Halsbande von
schönen Steinen. Die Stiefel, von schwarzem Seidenstoff,
gingen vorne in gebogene Spitzen aus. Als Kopfbedeckung trug er einen sammtenen Hut von konischer Form
mit einem vergoldeten Knopfe.

In dem Tempel der Barmherzigkeit wäre uns bald
ein etwas unangenehmes Abentheuer begegnet. Ein Prie=
ster oder Bonze reichte uns kleine Rauchkerzchen, die wir
anzünden und seiner Gottheit weihen sollten. Herr von
Carlowitz und ich hielten die Kerzchen schon in der Hand
und wollten ihm gerne diese Freude machen; allein ein
amerikanischer Missionär, der uns begleitete, ließ es nicht
zu, sondern riß uns die Kerzchen aus der Hand und gab
sie erzürnt dem Priester zurück, indem er diese Hand=
lung für Götzendienst erklärte. Der Priester nahm die
Sache sehr ernsthaft, schloß augenblicklich den Ausgang,
rief nach seinen Kameraden, die bald von verschiedenen
Seiten herbeikamen, ganz jämmerlich schimpften und
schrien, und dabei immer näher auf uns eindrangen. Nur
mit vieler Mühe gelang es uns, den Ausgang zu er=
kämpfen und uns so der Gefahr zu entziehen.

Unser Führer geleitete uns nach diesem überstande=
nen Strauß in die Behausung der geheiligten — —
Schweine *). Eine schöne steinerne Halle ist ihnen zur
Wohnung eingeräumt; doch verbreiten diese sonderbaren
Heiligen, trotz aller Sorgfalt, die auf sie verwendet wird,
einen so abscheulichen Geruch, daß man ihnen nur mit
verhaltener Nase nahen kann. Sie werden gepflegt und
gefüttert bis ein natürlicher Tod sie in's bessere Leben

---

*) Man muß wissen, daß den Chinesen dieses Thier besonders
heilig ist, aber doch nicht so heilig, daß es nicht mit
gutem Appetite verspeist würde. Die heiligen, wie die
unheiligen chinesischen Schweine sind klein, sehr kurzbeinig,
von graulichter Farbe und mit einem langen Rüssel ver=
sehen.

führt. Gegenwärtig befand sich nur ein so glückliches Pärchen hier — selten soll ihre Zahl drei Paare überschreiten.

Besser als dieser heilige Ort gefiel mir die daranstoßende Wohnung eines Bonzen. Sie bestand zwar nur aus einem Wohn- und Schlafstübchen, hatte aber eine bequeme und nette Einrichtung. In dem Wohnzimmer waren die Wände mit Holzschnitzwerk geziert, die Möbel antik und zierlich gearbeitet; an der Hinterwand befand sich ein kleiner Altar, und den Fußboden bedeckten große Steinplatten.

Wir fanden hier einen Opium-Raucher. Er lag auf dem Boden auf einer Matte ausgestreckt, und hatte zur Seite eine gefüllte Theetasse, einige Früchte, ein Lämpchen und mehrere Pfeifen, deren Köpfe kleiner als Fingerhüte waren; aus der einen sog er eben die berauschenden Dämpfe. (Man sagt, daß es in China Opiumraucher gibt, die 20 bis 30 Gran*) täglich vertragen.) Da er bei unserm Eintritte noch nicht ganz in bewußtlosem Zustande war, raffte er sich mühsam auf, legte die Pfeife zur Seite und schleppte sich zu einem Stuhle. Seine Augen sahen stier, und Todtenblässe bedeckte sein Gesicht — es war ein höchst trauriger, bedauernswürdiger Anblick.

Zum Schlusse führte man uns noch in den Garten, in welchem die Bonzen nach dem Tode verbrannt werden — eine besondere Auszeichnung, denn die andern Leute werden nur begraben. Ein einfaches Mausoleum, vielleicht von dreißig Fuß im Gevierte und einige kleine Pri-

---

*) 240 Gran gehen auf ein Loth.

ratmonumente ist alles, was da zu sehen ist. Weder das eine noch die andern sind hübsch; sie bestehen aus ganz einfachen Mauerwerken. Im ersteren werden die Gebeine der Verbrannten bewahrt, unter letzteren sind reiche Chinesen begraben, deren Erben tüchtig bezahlten, um solch einen Platz zu erringen. — Unweit davon steht ein Thürmchen von acht Fuß im Durchmesser und achtzehn in der Höhe, an dessen Boden eine kleine Vertiefung ist, in welcher ein Feuer angemacht wird. Ueber dieser Vertiefung steht der Lehnstuhl, auf dem der verstorbene Bonze in vollem Ornate angebunden ist. Rund umher wird noch Holz und dürres Reis gelegt, dieses angezündet und die Thüre verschlossen. Nach einer Stunde öffnet man sie wieder, zerstreut die Asche um den Thurm, und bewahrt die Gebeine auf bis zur Zeit der Eröffnung des Mausoleums, die alljährlich nur einmal statt hat.

Eine Merkwürdigkeit dieses Gartens ist die schöne Wasserrose oder Lotosblume (Nymphea Nelumbo), deren eigentliches Vaterland China ist. Die Chinesen sind solche Liebhaber dieser Blume, daß sie ihretwegen in jedem Garten Teiche anlegen. Die Blume mag an sechs Zoll im Durchmesser haben und ist gewöhnlich von weißer Farbe, höchst selten blaßröthlich. Die Samenkörner gleichen an Größe und Geschmack jenen der Haselnüsse; die Wurzeln sollen gekocht wie Artischocken schmecken.

Im Tempel Honan leben über hundert Bonzen, die sich in ihrem Hausanzuge durch nichts von den gemeinen Chinesen unterscheiden; man erkennt sie allein an ihrem ganz geschornen Haupte. Weder diese Priester noch an-

bere follen fich der geringften Achtung des Volkes zu er-
freuen haben.

Unfer zweiter Ausflug galt der Halfway = Pagode,
von den Engländern fo genannt, weil fie auf dem halben
Wege von Canton nach Whampoa liegt. Wir fuhren auf
dem Perlfluffe dahin. Die Pagode fteht auf einem kleinen
Erdhügel, nahe an einem Dorfe, inmitten ungeheurer
Reisfelder; fie hat neun Stockwerke und eine Höhe von
170 Fuß. Ihr Umfang ift nicht fehr bedeutend und bis zur
Spitze hinauf ziemlich gleich, fo daß fie dadurch das An-
fehen eines Thurmes bekömmt. Diefe Pagode gehörte,
wie man mir fagte, zu einer der berühmteren in China.
Nun ift fie aber fchon lange nicht mehr im Gebrauche.
Der innere Raum war ganz leer; man fah weder Statuen
noch andere Ausfchmückungen, und keine Zwifchendecke
hinderte den Blick, fich bis an die Spitze des Gebäudes
zu verlieren. Von außen umgeben fchmale Gänge ohne
Geländer jedes Stockwerk, und fchroffe, fchwer zu erftei=
gende Treppen führen hinan. Einen fehr fchönen Effekt
machen diefe vorfpringenden Gänge, da fie von farbigen
Ziegeln kunftvoll zufammengefetzt und mit bunten Thon=
platten eingelegt find. Die Spitzen der Ziegel, fchief
nach Außen gekehrt, liegen reihenweife übereinander, fo
daß jede Spitze bei vier Zoll über die andere ragt. Von
Ferne gefehen gleicht dies einer halb durchbrochenen Arbeit, und durch die fchönen Farben und die Feinheit der
Thonplatten kann man fich leicht verführen laffen, die
ganze Maffe für Porzellan zu halten.

Während wir die Pagode unterfuchten, hatte fich
die Dorfgemeinde um uns verfammelt, und da fich die

guten Leute ziemlich ruhig verhielten, brachte uns dies
auf den Gedanken, auch ihr Dörfchen zu besehen. Wir fanden kleine, aus Backsteinen zusammengesetzte Häuser, oder
besser gesagt Hütten, die außer flachen Dächern nichts
eigenthümliches an sich hatten. Ueber dem Stübchen war
keine besondere Decke; man sah bis an das Hausdach;
der Fußboden war gestampfte Erde und die Scheidewände
bestanden zum Theil aus Bambusmatten. An Möbeln
war wenig vorhanden und alles unrein gehalten. Ungefähr in der Mitte des Dorfes standen kleine Tempelchen,
und vor dem Hauptgotte brannten einige düstere Lämpchen.

Ich wunderte mich am meisten über das viele Feder-
vieh, das man in und außer den Hütten sah — man
mußte sich ordentlich in Acht nehmen, die junge Brut
nicht zu zertreten. — Das Geflügel wird hier wie in
Egypten durch künstliche Wärme ausgebrütet.

Als wir wieder vom Dorfe zur Pagode zurückge-
kehrt waren, sahen wir zwei Schampans landen, aus welchen viele braune, halbnakte und größtentheils bewaffnete
Männer sprangen, die eilig die Reisfelder durchschritten
und gerade auf uns losgingen. Wir hielten sie für
Piraten und erwarteten mit einiger Angst die Dinge,
die da kommen würden. Waren es wirklich Piraten,
so sahen wir uns auch rettungslos verloren, denn hier,
weit von Canton entfernt und umgeben von lauter Chinesen, die ihnen noch hilfreiche Hand geleistet hätten, wäre
es ihnen doppelt leicht gewesen, mit uns fertig zu werden. An ein Entkommen, an eine Rettung war daher
gar nicht zu denken.

Unterdessen kamen die Leute immer näher und

der Anführer stellte sich uns in gebrochenem Englisch als
den Kapitän eines Siamesischen Kriegsschiffes vor. Er
erzählte uns, daß er erst kürzlich angekommen sei und den
Gouverneur von Bangkok hieher gebracht habe, der sich
zu Lande weiter nach Peking begäbe. — Unsere Angst
verlor sich nach und nach, und wir nahmen sogar die
freundliche Einladung des Kapitäns an, bei der Rückfahrt
an seinem Schiffe anzulegen, um es zu besehen. Er setzte sich
zu uns in's Boot, fuhr uns selbst an sein Schiff und zeigte
uns da alles persönlich; doch war der Anblick nicht besonders reizend. Die Mannschaft sah roh und sehr ver-
wildert aus, und alle waren gleich lumpig und schmutzig
gekleidet, so daß man weder Offiziere noch Matrosen auseinander finden konnte. Das Schiff zählte zwölf Kanonen
und 68 Köpfe.

Der Kapitän bewirthete uns mit portugiesischem
Weine und englischem Biere — erst spät des Abends kamen
wir nach Hause.

Der weiteste Ausflug, den man von Canton machen
kann, erstreckt sich 20 Meilen den Perlfluß aufwärts.
Herr Agassiz war so gütig, mir den Genuß dieser Fahrt
zu verschaffen. Er miethete ein schönes Boot, versah uns
reichlich mit Speise und Trank und bat einen Missionär,
der diese Fahrt schon einigemal gemacht hatte, Herrn von
Carlowitz und mich zu begleiten. — Die Begleitung
eines Missionärs ist auf den Reisen in China noch die
sicherste Eskorte. Diese Herren sprechen die Sprache des
Landes, sie machen sich nach und nach mit dem Volke bekannt und streifen ziemlich ungehindert in den nahen Gegenden umher.

Ungefähr eine Woche früher als unsere Partie zu
Stande kam, hatten einige junge Leute versucht, diese Fahrt
zu machen; sie waren aber durch Schüsse aus einer der
Festungen, die längs des Flusses liegen, gezwungen, auf
halbem Wege umzukehren. Als wir in die Nähe dieser
Festung kamen, wollten unsere Fahrleute nicht weiter fahren,
bis wir sie beinahe mit Gewalt dazu zwangen. Da wurde
denn auch auf uns gefeuert, aber glücklicher Weise als
wir bei der Festung schon halb vorüber waren. Wir ent=
gingen der Gefahr und setzten unsere Reise ohne weitere
Störung fort, landeten bei manchen Dörfchen, betraten
die sogenannte „Herrenpagode" und sahen uns über=
all wacker um. Die Gegend war reizend und bot große
Ebenen mit Reis=, Zuckerrohr= und Theepflanzungen,
schöne Baumgruppen, artige Hügel und in der Ferne hö=
here Gebirge. An den Abhängen der Hügel sahen wir
viele Grabmäler, die durch einzelne, aufrecht stehende
Steine bezeichnet waren.

Die Herrenpagode besteht aus drei Stockwerken,
ist mit einem spitzauslaufenden Dache gedeckt und zeichnet
sich durch ihre äußere Sculptur aus. Sie hat keine Gänge
von außen; dagegen windet sich um jedes Stockwerk ein
dreifacher Blätterkranz. Im ersten und zweiten Stocke,
zu welchen ganz besonders schmale Treppen führen, befin=
den sich kleine Altäre mit geschnitzten Götzenbildern. In
den dritten Stock ließ man uns nicht gehen, unter dem
Vorwande, daß da nichts zu sehen sei.

Die Dörfer, welche wir besuchten, glichen mehr oder
weniger demjenigen, das wir bei der Half-way=Pagode
gesehen hatten.

Auf dieser Partie bekam ich Gelegenheit zu beobachten, auf welche Art sich die Missionäre der religiösen Bücher entledigen. Der Missionär, welcher so gefällig war,
uns zu begleiten, benützte diese Fahrt dazu, einigen frucht-
bringenden Samen unter das Volk auszustreuen. Er
packte 500 kleine Broschüren auf unser Boot, und so oft
ein anderes Boot in unsere Nähe kam, was sehr häufig
geschah, neigte sich der Mann so weit als möglich vor,
hielt ein halb Dutzend solcher Bücher in die Höhe und
schrie und winkte den Leuten, herbei zu kommen, um dieselben in Empfang zu nehmen. Kamen die Leute nicht zu
uns, so ruderten wir auf sie los, der Missionär beglückte
sie Dutzendweise mit seinen Broschüren und war schon im
voraus entzückt über den segensreichen Erfolg, den sie
zweifelsohne bewirken würden.

Noch ärger war das Ding, wenn wir in ein Dorf
kamen. Da mußte der Diener ganze Päcke nachschleppen.
In einem Augenblicke umgaben uns viele Neugierige, und
eben so schnell waren die Bücher unter sie vertheilt.

Jeder Chinese nahm, was man ihm bot, — es kostete ja
nichts, und wenn er auch nicht lesen konnte (die Bücher
waren in chinesischer Sprache geschrieben), so hatte er doch
wenigstens einiges Papier. Unser Missionär kehrte seelen-
vergnügt heim, — er hatte alle 500 Exemplare richtig
an den Mann gebracht. Welch herrlichen Bericht gab
das nicht für die Missionsgesellschaft, welch glänzenden
Artikel für die geistliche Zeitung!

Diesen Ausflug, dem Perlflusse entlang, machten
drei Monate später sechs junge Engländer Auch sie hielten an einem der Dörfer an und begaben sich unter das

Landvolk. Leider aber fielen sie alle als Opfer des chine=
sischen Fanatismus, — sie wurden auf die grausamste
Weise ermordet.

Von größeren Ausflügen blieb mir nun nur noch
ein Gang um die Mauern der eigentlichen Stadt Canton *)
übrig. Auch dieser Wunsch wurde bald erfüllt, denn der
gute Missionär trug sich mir und Hrn. v. Carlowitz als Be=
gleiter und Beschützer an, doch unter der Bedingung, daß
ich mich verkleide. Bisher hatte noch keine Frau diesen
Gang gewagt, und auch ich, meinte er, dürfte es in mei=
ner Kleidung nicht thun. Ich nahm meine Zuflucht zur
Männerkleidung, und eines frühen Morgens machten wir
uns auf den Weg.

Lange gingen wir durch enge Gäßchen, die mit brei=
ten Steinen gepflastert waren. An jedem Hause sahen
wir in irgend einer Nische kleine Altäre von ein bis zwei
Fuß Höhe, vor welchen noch, da es zeitlich des Morgens
war, die Nachtlämpchen brannten. Eine unendliche Masse
Oels wird dieses Religionsgebrauches wegen unnütz ver=
brannt. — Nach und nach wurden die Kaufläden geöffnet,
welche niedlichen Hallen gleichen, da die vordern Wände
hinweggenommen sind. Die Waaren werden theils in
offenen Fächerkasten aufgestellt, theils auf Tischen, hinter

*) Die Stadt hat an 9 englische Meilen im Umfange. Sie
   ist der Sitz eines Vice=Königs, in die Tartaren= und
   Chinesenstadt abgetheilt und durch Mauern geschieden. Die
   Bevölkerung der Stadt wird auf 400,000 Seelen geschätzt,
   die auf den Booten und Schampans auf 60,000, jene der
   nächsten Umgebung Canton's auf 200,000. Die Zahl der
   hier ansäßigen Europäer ist etwa 200.

welchen die Chinesen sißen und arbeiten, ausgebreitet.
Von einer Ecke der Halle führt eine schmale Treppe in
das obere Stockwerk in des Kaufmanns Wohnung.

Auch hier besteht, wie in den türkischen Städten, die
Einrichtung, daß jede Profession ihre besondere Straße
hat, so daß man in einer Gasse nichts als Glaswaaren, in
einer andern Seidenstoffe u. s. w. sieht. In den Gassen,
wo die Aerzte wohnen, sind auch alle Apotheken, da die
Aerzte zugleich dies Geschäft mit versehen. — Die Lebensmittel, die meist recht zierlich aufgestellt sind, haben
ebenfalls ihre eigenen Gassen. Zwischen den Häusern stehen
viele kleine Tempel, die sich aber im Style von den übrigen Gebäuden gar nicht unterscheiden; auch wohnen nur
im Untergeschoße die Götter, in den obern Stockwerken
ganz gewöhnliche Menschen.

Die Lebhaftigkeit in den Gassen war auffallend stark,
besonders in jenen, wo die Lebensmittel aufgespeichert
lagen. Weiber und Mädchen der geringeren Klassen gingen umher, ihre Einkäufe zu besorgen, so gut wie in Europa. Sie erschienen alle unverschleiert, und viele von
ihnen wackelten gleich Gänsen, da, wie ich schon bemerkt
habe, in jeder Klasse des Volkes der Gebrauch stattfindet,
die Füße zu verkrüppeln. Das Gedränge wird durch die
vielen Lastträger ungemein vermehrt, die mit großen Körben voll Lebensmittel, die sie auf den Schultern tragen,
durch die Gassen laufen und dabei mit lauter Stimme
bald ihre Waaren anpreisen, bald die Leute aus dem
Wege gehen heißen. Auch sperren nicht selten die Sänften, in welchen sich die Reichen und Vornehmen zu ihren
Geschäftslokalen tragen lassen, die ganze Breite eines Gäß-

chens und hemmen den Strom des geschäftigen Volkes. Das schrecklichste aber sind die zahllosen Träger, die gewisse übelriechende Gegenstände in großen Kübeln davon schleppen und einem auf jedem Schritte und in jeder Straße begegnen.

Man muß wissen, daß vielleicht kein Volk auf Erden an Fleiß und Industrie den Chinesen gleicht, daß keines so sorgfältig wie sie jedes Fleckchen Erde benützt und bepflanzt. Da sie nun wenig Vieh und folglich auch wenig Dünger haben, so suchen sie diesen auf andere Art zu ersehen, und daher ihre große Sorgfalt und Aufmerksamkeit auf jedes Excrement lebender Wesen.

All diese kleinen Gäßchen sind an die Stadtmauer angebaut, so daß wir schon lange um sie herum gegangen waren, ehe wir sie bemerkten. Unbedeutende Thore oder Eingangspförtchen, die des Abends geschlossen werden, führen in das Innere der Stadt, deren Betretung jedem Fremden auf das strengste verwehrt wird.

Manchem Matrosen oder sonstigen Fremdlingen soll es schon geschehen sein, daß sie auf ihren Streifzügen durch solch ein Pförtchen in die Stadt geriethen ohne es zu wissen und ihres Irrthums erst gewahr wurden, als man anfing Steine nach ihnen zu werfen.

Nachdem wir wenigstens zwei Meilen gemacht hatten, fortwährend durch enge Gäßchen uns drängend, gelangten wir in's Freie. Hier hatten wir eine vollkommene Ansicht der Stadtmauern, und von einem kleinen Hügel, der nahe an der Mauer lag, selbst einen ziemlich weiten Ueberblick über die Stadt. Die Stadtmauer ist ungefähr sechzig Fuß hoch und an den meisten Stellen mit

Gras, Schlingpflanzen und Gesträuchen der Art überwach=
sen, daß sie einer herrlichen lebendigen Gartenwand gleicht.
Die Stadt erscheint wie ein Chaos kleiner Häuser, zwi=
schen welchen mitunter einzelne Bäume stehen. Weder
schöne Straßen und Plätze, noch ausgezeichnete Gebäude,
Tempel und Pagoden fesselten unsern Blick. Eine ein=
zige Pagode von fünf Stockwerken erinnerte an China's
Bauart.

Der Weg führte uns ferner über fruchtbares Hügel=
land, über gut gehaltene Wiesen und Felder. Viele der
Hügel dienen zu Grabesstätten und sind mit kleinen Erd=
haufen überdeckt, an welchen zwei Fuß hohe Steinplatten,
oder auch unbehauene Steine lehnen. Manche darunter
waren mit Inschriften bedeckt. Auch Familien = Grüfte
lagen dazwischen, die man in die Hügel hineingegraben,
und mit niedern Mauern in Hufeisenform umgeben hatte;
die Eingänge der Gräber waren ebenfalls vermauert.

Die Chinesen begraben aber nicht alle ihre Todten;
sie haben noch eine andere, eigenthümliche Art, sie aufzube=
wahren, und zwar in kleinen gemauerten Hallen, die aus
zwei Wänden und einem Dache bestehen, und deren an=
dere zwei Seiten offen sind. Hier werden höchstens zwei
bis vier Särge auf zwei Fuß hohen hölzernen Bänken auf=
gestellt. Die Särge sind aus massiven ausgehöhlten
Baumstämmen.

Die Ortschaften, die wir passirten, waren alle sehr
belebt, sahen aber höchst armselig und unrein aus. Bei
dem Durchgange mancher Gäßchen und Plätze mußten
wir uns die Nase verhalten, und gerne hätten wir oft auch
die Augen geschlossen vor dem häufigen Anblicke eckelhafter

Kranken, deren Körper mit Hautausschlägen, Geschwüren und Beulen überdeckt waren.

In all den Ortschaften sah ich viel Geflügel und Schweine, aber nicht mehr als drei Pferde und eine Büffelkuh; Pferde und Kuh waren von ganz besonders kleiner Race.

Beinahe am Ende unserer Wanderung begegneten wir einem Leichenzuge. Eine jämmerliche Musik kündete uns etwas besonderes an; doch blieb uns kaum Zeit aufzuschauen und aus dem Wege zu treten, denn eilig, wie auf der Flucht begriffen, kam ein Zug daher. Voran liefen die edlen Musikanten, dann folgten einige Chinesen, ferner zwei leere Sänften, von Trägern geschleppt, hierauf ein ausgehöhlter Baumstamm, der den Sarg vorstellte, an einer Stange hing und ebenfalls getragen wurde, und zum Schlusse einige Priester und Volk.

Der Hauptpriester hatte eine Art weißer*) Narrenkappe mit drei Spitzen auf, die nachfolgenden Leute (nur Männer) trugen jeder einen weißen Lappen entweder um den Arm oder um den Kopf gewickelt.

* * *

Ich war auch so glücklich, einige der Sommerpaläste und Gärten der Vornehmen zu sehen.

Vor allen zeichnete sich jener des Mandarins Hauqua aus. Das Haus war von ziemlichem Umfange, einstöckig und mit sehr breiten, herrlichen Terrassen versehen. Die Fenster gingen nach Innen, und die Dachung glich der europäischen, nur war sie viel flacher. Die ausge-

---

*) Weiß ist bei den Chinesen die Farbe der Trauer.

schweiften Dächer mit den vielen Zacken und Spitzen, mit
den Glöckchen und den eingelegten bunten Ziegeln und
Thonplatten sieht man auch hier nur an Tempeln, Lust=
und Gartenhäusern, nicht aber an den großen Wohngebäu=
den. An die Eingangspforte waren zwei Götter gemalt,
die, nach der Meinung der Chinesen, jedem bösen Geiste
den Eintritt verwehren.

Der vordere Theil des Hauses bestand aus mehreren
Empfangssälen; sie hatten keine Vorderwände *) — im
Erdgeschoße schlossen sich niedliche Blumengärtchen unmit=
telbar daran, im ersten Stockwerke großartige Terrassen,
die ebenfalls mit Blumen geschmückt waren und herrliche
Ueberstchten des belebten Flusses, der reizenden Gegend
und der Häusermasse der um Canton's Mauern gelegenen
Orte darboten.

Niedliche Kabinetchen umgaben die Säle, von
welchen sie nur durchsichtige, oft aus den kunstvollsten
Gemälden bestehende Wände schieden. Unter diesen
zeichnen sich besonders jene von Bambus aus, die fein
und zart wie Schleier und mit gemalten Blumen oder
zierlich geschriebenen Sittensprüchen reichlich überdeckt sind.

Eine Unzahl von Stühlen und viele Kanapee's stan=
den an den Wänden, woraus man schließen konnte,
daß auch die Chinesen an große Gesellschaften gewöhnt
sind. Man sah da Armstühle, die aus e i n e m - e i n z i=
g e n Stücke Holz kunstvoll geschnitzt waren — andere,
deren Sitze aus schönen Marmorplatten bestanden, und

---

*) Im Winter werden die offenen Seiten der Säle durch
Bambusmatten verhängt.

wieder andere aus feinem farbigen Thon oder Porzellan. Von europäischem Hausrath fanden wir schöne Spiegel, Stockuhren, Vasen, Tischplatten von florentiner Mosaik oder buntem Marmor. Auffallend war die Menge von Lampen und Laternen, die von den Decken herabhingen; sie waren von Glas, von durchsichtigem Horn, von farbiger Gaze und Papier, und mit Glasperlen, Franfen und Quaften befetzt. Auch an den Wänden fehlte es an Lampen nicht, und bei voller Beleuchtung mögen diefe Gemächer wirklich einen zauberhaften Anblick gewähren.

Da wir so glücklich gewefen waren, dies Haus zu erreichen, ohne gesteinigt worden zu sein, machte uns dies Muth, auch die großen Ziergärten Herrn Hauquau's zu besuchen, die ungefähr dreiviertel Meilen vom Haufe entfernt an einem Kanale des Perlfluffes lagen. Kaum hatten wir aber in jenen Kanal eingelenkt, als unfere Fahrleute auch schon wieder umkehren wollten; sie sahen darin ein Mandarinen-Schiff liegen, an welchem alle Flaggen aufgehißt waren — ein Zeichen, daß sich der Mandarin darinnen befand. Die Fahrleute wollten es nicht wagen, uns Europäer daran vorüber zu führen; sie fürchteten zur Strafe gezogen oder sammt uns vom Volke gesteinigt zu werden. Wir ließen sie aber nicht umwenden, sondern fuhren ganz nahe an dem Mandarinschiff vorüber, stiegen dann aus und setzten unsere Wanderung zu Fuß fort. Bald hatten wir einen großen Volkshaufen hinter uns, man fing an, Kinder auf uns zu stoßen, um unsern Zorn zu erregen; allein wir waffneten uns mit Gebuld, gingen ruhig weiter und erreichten glücklich den Garten, deffen Thore alsogleich hinter uns geschloffen wurden.

Der Garten war in vollkommen guten Stande, aber durchaus nicht geschmackvoll. Allerorts hatte man Sommerhäuschen, Kioske, Brücken u. s. w. angebracht, und alle Wege und Plätze waren mit großen und kleinen Töpfen eingefaßt, in welchen Blumen und verkrüppelte Fruchtbäume aller Gattungen wuchsen.

Im Verkleinern oder vielmehr Verkrüppeln der Bäume sind die Chinesen vollkommen Meister; manche dieser Gewächse erreichen oft kaum eine Höhe von drei Fuß. Man liebt diese Zwergbäume sehr und zieht sie in den Gärten den schönsten und schattenreichsten Bäumen vor. Geschmackvoll kann man zwar diese liliputanischen Alleen nicht nennen; aber merkwürdig ist es zu sehen, wie voll, und mit welch schönen Früchten die winzigen Zweiglein behangen sind.

Nebst diesen Spielereien fanden wir auch Figuren aller Art, als: Schiffe, Vögel, Fische, Pagoden u. s. w. aus zarten Blättergewächsen gebildet. In den Köpfen der Thiere stacken Eier, die vorne mit schwarzen Sternen bemalt waren und die Augen vorstellen sollten.

Auch an einzelnen Felsstücken und Felsgruppen fehlte es nicht, die noch dazu mit Blumentöpfchen, mit Figürchen und Thierchen reich besetzt waren; letztere konnte man nach Belieben versetzen, und damit verschiedenartige Gruppen bilden, — welches ein besonders beliebter Zeitvertreib der chinesischen Damen sein soll. — Eine andere, nicht minder beliebte Unterhaltung, sowohl für Frauen als Herren, ist das Steigen lassen der Drachen. Stundenlang vermögen sie zu sitzen und solch einem Papier-Ungeheuer nachzusehen. Jeder Garten eines vornehmen

Chinesen enthält zu diesem Zwecke große, freie Wiesen=
plätze.

An fließendem Wasser und Teichen war ebenfalls
kein Mangel, — Wasserkünste sahen wir aber nicht.

Da uns heute alles geglückt war, schlug mir Herr
v. Carlowitz vor, auch noch den Garten des Mandarinen Pun=
tingqua zu besehen. Mich interessirte der Gang dahin
um so mehr, als daselbst auf Befehl des Mandarinen ein
Dampfboot und zwar von einem Chinesen gebaut wurde.
Derselbe hatte sich dreizehn Jahre in Nordamerika aufge=
halten und dort seine Studien gemacht.

Der Bau war schon so weit gediehen, daß das Schiff
in wenig Wochen vom Stapel laufen sollte. Mit großem
Behagen wies uns der Meister sein Werk; er war sichtlich
erfreut, sein Lob aus unserm Munde zu vernehmen. Einen
besondern Werth legte er auch auf die Kenntniß der eng=
lischen Sprache, denn als ihn Herr v. Carlowitz auf chinesisch
ansprach, antwortete er englisch und ersuchte uns, in die=
ser Sprache fortzufahren. — Das Maschinenwerk schien
uns nicht mit chinesischer Nettigkeit gearbeit zu sein, auch
kam uns die Maschine für das kleine Schiff viel zu groß
vor. Weder ich noch mein Gefährte hätten Muth gehabt,
die Probefahrt mitzumachen.

Der Mandarin, der dieß Schiff bauen ließ, war
nach Peking gegangen, um sich als Belohnung einen
Knopf *) zu holen, denn auf sein Gebot läuft das erste
Dampfboot im chinesischen Reiche vom Stapel. Der Er=

---

*) Ein solcher Knopf, der auf den Hut gesteckt wird, hat bei
den Chinesen denselben Werth wie bei uns ein Orden.

bauer selbst wird sich wahrscheinlich mit dem Bewußtsein
seiner Geschicklichkeit begnügen müssen.

Von dem Schiffswerfte gingen wir in den Garten,
der sehr groß, aber äußerst vernachläßt war. Da gab es
weder Alleen noch Fruchtbäumchen, weder Felsen noch
Figürchen; dagegen aber eine lästige Menge von Lusthäus-
chen, Brücken, Gallerien, Tempelchen und Pagoden.

Das Wohnhaus bestand aus einem großen Saale
und vielen kleinen Gemächern. In- und Außenwände
waren mit Holzschnitzwerk verziert und das Dach reichlich
mit Spitzen und Zacken versehen.

In dem großen Saale gibt man zeitweise Komödien
und andere Spiele zur Belustigung der Frauen, deren
Unterhaltungen sich durchgehends auf ihre Häuser und
Gärten beschränken *). Letztere können von Fremden auch
nur in Abwesenheit der Damen besucht werden.

In diesen Gärten wurden mehrere Pfauen, Silber-
fasanen, Mandarins-Enten und Dammhirsche unterhalten.
— In einer Ecke befand sich ein kleiner, finsterer Bam-
bus-Hain, der einige Familiengräber barg. Unweit dieses
Hains war ein kleiner Erdhügel aufgeworfen, mit einer
hölzernen Tafel, auf der ein langes Lobgedicht zu Ehren
der hier begrabenen Lieblingsschlange des Mandarins
stand.

*) Die vornehmen chinesischen Frauen leben noch viel einge-
zogener als die Orientalinnen. Sie dürfen sich sehr selten
besuchen, und das nur in wohlverschlossenen Sänften oder
Booten. Sie haben weder öffentliche Bäder noch Gärten,
in welchen sie Zusammenkünfte veranstalten könnten.

Nachdem wir alles mit Muße besichtiget hatten, machten wir uns auf den Rückweg und gelangten unange= fochten nach Hause.

Nicht so gut ging es mir einige Tage später bei dem Besuche einer Theefabrik. Der Eigenthümer selbst führte mich in die Arbeitslokale, die aus großen, hohen Hallen bestanden, worin an 600 Leute, darunter viel alte Wei= ber und Kinder, beschäftiget waren. Mein Eintritt er= regte eine vollkommene Revolte. Alt und Jung stand von der Arbeit auf, die Großen hoben die Kleinen in die Höhe und wiesen mit Fingern nach mir; bald drängte das ganze Volk auf mich ein und erhob ein so fürchterliches Geschrei, daß mir beinahe anfing bange zu werden. Der Fabrikherr und die Aufseher hatten gewaltig zu thun, den Schwarm von mir abzuhalten, und man bat mich, nur alles in Eile anzusehen und dann das Gebäude gleich zu verlassen.

Ich konnte daher nur oberflächlich beobachten, daß die Theeblätter auf einige Augenblicke in kochendes Was= ser gegeben werden, darauf kommen sie in eiserne, schief eingemauerte, flache Pfannen, werden bei geringer Wärme etwas geröstet und dabei stets mit der Hand aufgemischt. Wenn sie anfangen sich ein wenig zu krausen, wirft man sie auf große Bretter und rollt jedes einzelne Blatt zu= sammen. Diese Arbeit geht so schnell vor sich, daß man sehr genau aufpassen muß, um zu sehen, wie auch wirklich nur e i n Blättchen genommen wird. Die ganze Masse kommt hierauf wieder in die Pfanne. Der sogenannte „s ch w a r z e T h e e" wird länger geröstet und der „g r ü= n e T h e e" häufig mit Berlinerblau gefärbt, indem man beim zweiten Rösten eine ganz geringe Quantität der Farbe den Blättern beigibt. Zuletzt schüttet man den Thee wieder auf die hölzernen Platten, um ihn genau durchzusehen und rollt die nicht ganz geschlossenen Blätter nochmals zusammen.

Bevor ich das Haus verließ, führte mich der Eigenthümer in seine Wohnung und bewirthete mich mit einer Tasse Thee auf die Art und Weise, wie ihn die reichen und vornehmen Chinesen zu nehmen pflegen. In eine feine Porzellan-Tasse wurde etwas Thee gegeben, kochendes Wasser darauf gegossen und die Tasse dann mit einem Deckel, der genau darauf paßte, zugedeckt. Nach wenigen Minuten trinkt man den heißen Thee von den Blättern herab. Die Chinesen geben weder Zucker, Rum noch Milch zum Thee; sie sagen, daß durch jeden Zusatz, ja selbst durch das Aufrühren das Aroma des Thee's verloren gehe. In meine Tasse erhielt ich mit den Blättern zugleich etwas Zucker.

Der Strauch der Theepflanze hatte in den Pflanzungen, die ich in der Umgebung Canton's sah, höchstens die Höhe von sechs Fuß; man läßt ihn nicht höher wachsen und beschneidet ihn daher zeitweise. Er wird vom 3. bis zum 8. Jahre benützt, worauf man ihn abhaut, damit er wieder treibe, oder ganz ausrottet. Man kann des Jahres drei Ernten halten, und zwar die erste im März, die zweite im April und die dritte, die durch zwei Monate währt, im Mai Die Blätter der ersten Ernte sind so überaus zart und fein, daß man sie leicht für Blüthen nehmen könnte, und daher mag wohl auch der Irrthum entstehen, daß man den sogenannten „Blumen- oder Kai-

serthee" nicht für die Blätter, sondern für die Blüthen
des Theestrauches hält *). Diese erste Ernte ist dem
Strauche so nachtheilig, daß sie für gewöhnlich ganz un=
terbleibt.

Man sagte mir, der Thee aus der Umgebung Canton's sei der schlechteste, und der beste komme aus den
etwas nördlicher gelegenen Provinzen. Die Theefabrikanten
in Canton sollen auch häufig gebrauchtem Thee oder den
durch Regen verdorbenen Theeblättern das Ansehen von
gutem Thee zu geben verstehen. Sie trocknen und rösten
die Blätter, färben sie mit pulverisirtem Kurkumni gelb=
lich, oder mit Berlinerblau hellgrün und rollen sie dicht
zusammen.

Die Preise des Thee's, der nach Europa gesandt
wird, sind pr. Pikul (100 Pfund österr. Gewicht) 15
bis 60 Dollars. Die Gattung pr. 60 Dollars findet we=
nig Abgang und diesen meist nur nach England. Der
sogenannte „Blüthenthee" kommt im Handel gar
nicht vor.

Noch muß ich eines Schauspiels erwähnen, das ich
zufällig eines Abends auf dem Perlflusse sah — es war,
wie ich später erfuhr, ein Dankfest, den Göttern darge=
bracht von den Eigenthümern zweier Dschonken, die eine
etwas größere Seereise gemacht hatten, ohne weder von
Piraten beraubt, noch von dem gefährlichen Orkan Tai-
foon überfallen worden zu sein.

---

*) Die Blätter dieser Ernte werden mit der größten Behut=
samkeit gepflückt, und zwar von Kindern und jungen Leu=
ten, die mit Handschuhen versehen sind und jedes Blättchen
einzeln mit größter Sorgfalt abnehmen müssen.

Zwei der größten Blumenboote, herrlich beleuchtet, schwammen langsam den Strom herab, drei Reihen Lampen umgaben die obersten Theile der Schiffe und bildeten wahre Feuergallerien, alle Zimmer hingen voll Kronleuchter und Lampen, und am Vorderdecke brannten große Feuer, aus welchen zeitweise Raketen aufstiegen, zwar tüchtig knallend, aber nur einige Fuß hoch fliegend. Auf dem vorderen Schiffe hatte man eine große Stange aufgepflanzt, die ebenfalls bis an die höchste Spitze mit zahllosen farbigen Papierlampen erleuchtet war und eine schöne Pyramide bildete. — Vor diesen beiden Feuerkörpern zogen zwei reichlich mit Fackeln versehene Boote mit lärmender Musik.

Langsam schwebten die Feuermassen durch die finstere Nacht — man hätte sie für Zauberwerke ansehen können. Zeitweise hielten sie ein, und dann loderten in den kleinen Booten hohe Feuer auf, die von heiligem und wohlriechendem Papiere genährt wurden.

Geräuchertes Papier, welches man von den Priestern kaufen muß, wird bei jeder Gelegenheit, ja sogar häufig vor und nach jedem Gebete verbrannt. Dieser Papierhandel bildet den größten Theil der Einkünfte der Priester.

Einige Mal machte ich in Begleitung des Herrn v. Carlowitz kleine Spaziergänge in den der Faktorei nahe gelegenen Straßen. Es gewährte mir viel Vergnügen, all die schönen chinesischen Waaren anzusehen, um so mehr, als man dies hier mit Muße thun konnte, da die Buden nicht so offen waren wie jene, die ich zu sehen bekam, als

ich um die Stadtmauern Canton's ging. Sie hatten Thüren und Fenster wie die unsrigen; wir konnten hinein-
gehen und waren dadurch vor den Zudringlichkeiten des
Volkes geschützt. — Auch die Straßen fand ich hier etwas
breiter, gut gepflastert und mit Matten oder Brettern überdeckt, um die brennenden Sonnenstrahlen abzuhalten.

Man kann in der Umgegend der Factorei, nament-
lich in Fousch-an, dem Ort der meisten Fabriken, viele
Wege zu Wasser machen, da Kanäle, wie in Venedig, die
Gassen durchschneiden. Uebrigens ist aber diese Seite
Canton's nicht die schönste, weil an den Kanälen alle Ma-
gazine liegen und die Fabriksarbeiter und Taglöhner eben-
falls hier ihre Wohnungen aufgeschlagen haben in ärmlichen
Baracken, die halb auf der festen Erde, halb auf morschen
Pfeilern ruhen und weit in die Kanäle hinausragen.

Ein abscheulicher Anblick ward uns einst zu Theil,
als wir aus den Kanälen in den Perlfluß einlenkten. Ein
Neger mußte auf irgend einem Schiffe gestorben und über
Bord geworfen worden sein, denn der nackte Körper trieb
auf dem Wasser umher. Jedes Boot stieß ihn so weit
als möglich von sich, und auch dem unsrigen kam er nur
gar zu nahe.

* * *

Ich hatte im ganzen über fünf Wochen in Canton
zugebracht, vom 13. Juli bis 20. August. Diese Zeit
gehörte zur heißesten im Jahre, und die Hitze war auch
wirklich unleidlich. In den Zimmern hatten wir bis zu
27 $\frac{1}{2}$ Grad, im Freien im Schatten bis zu 30 Grad.
Man hat hier gegen diesen lästigen Gast, außer den Pun-

faß in den Zimmern, noch sehr zweckmäßige Vorkehrungen
an den Thüren und Fenstern, ja auf den Dächern und für
ganze Wände der Häuser. Es sind dies Geflechte von
Bambus, die Vorsprünge vor Thüren und Fenstern bilden oder als zweites Dach jene Stellen des wirklichen
Daches überschatten, unter welchen sich die Arbeitslokale
befinden, oder endlich als ganze Wände, die acht bis zehn
Schuh von den eigentlichen Wänden des Hauses abstehen, mit Eingängen, Fensteröffnungen und Dachung versehen sind, und das Haus ordentlich einkleiden.

Ich trat meine Rückreise nach Hong-kong wieder
auf einer chinesischen Dschonke an, aber nicht so furchtlos
wie das erste Mal — die traurige Begebenheit mit Hrn.
Vauchée lag mir noch zu frisch im Gedächtnisse. Ich gebrauchte daher auch die Vorsicht, meine wenigen Kleider
und meine Wäsche im Angesichte der Dienerschaft einzu-
packen, um sie darauf aufmerksam zu machen, daß die
Mühe der Piraten schlecht belohnt würde, wenn sie sich
meinetwegen die geringste Ungelegenheit machten.

Am 20 August sieben Uhr Abends sagte ich Canton
und meinen Freunden ein herzliches Lebewohl, und um
neun Uhr schwamm ich bereits wieder auf dem mächtigen,
berühmten und berüchtigten Perl- oder Sikiang-Strome.

———

Ueber die Geographie und Statistik von China sind
die Angaben so verschieden und die Schwierigkeiten der
genaueren Erforschung so groß, daß man nur ungefähre,
sich auf einige Wahrscheinlichkeit gründende Annahmen erwähnen kann. Nach diesen soll die Größe des chinesi-

schen Reiches mit seinen Schutzländern etwa 180,000 O. M., die Einwohnerzahl gegen 400 Millionen betragen. Die Masse der Landes-Produkte ist der ungeheuern Ausdehnung dieses Reiches angemessen: Gold, Silber und fast alle andern Metalle, Edelsteine, Salz, Alaun, Vitriol, Salpeter, Thee, Reis und alle möglichen Produkte der südlichen Zone. — Die Einwohner sind Chinesen, Mandschu (die Eroberer des Reiches, aus denen die kaiserliche Familie stammt), Sifanen, Lolos, Mieo-se. Die Staatsreligion ist der Glaube des Confu-tse; außerdem bekennen sich noch viele zur Religion des Lao und zum Buddhismus, dem auch der Kaiser als Mandschu angehört. — China ist eine in der Familie der Tai-thing erbliche Monarchie, deren Haupt — der Kaiser — unumschränkt regiert und sich den Beherrscher des himmlischen Reiches nennt. Die Hauptstadt Peking soll gegen 2 Millionen Einwohner zählen; außerdem gibt es noch viele Städte mit sehr zahlreicher Bevölkerung, worunter Hong-tscheu, Canton, Nanking u. s. w. die ersten.

Der Handel in China ist sehr bedeutend, seine Industrie auf einer hohen Stufe.

Eines der wichtigsten Ereignisse in der Geschichte China's, deren Anfänge natürlich sehr dunkel sind, ist der im Jahre 1840 mit England ausgebrochene Krieg, durch dessen rasche, siegreiche Beendigung es den Engländern gelang, das seit Jahrtausenden in China geübte Absperrungs-System etwas zu lockern und den Europäern mehrere Häfen zu erschließen. Die Folge dieser Concession ist eine größere Handels-Freiheit, ein stets lebhafterer Verkehr mit den Chinesen, und es dürfte die Zeit nicht

mehr sehr fern sein, in welcher es der siegenden Kultur
des Abendlandes gelingen wird, sich der Strecken dieses
ungeheueren Reiches nach und nach zu bemeistern.

1200 Cash gehen auf einen spanischen Thaler.

Ein Tael hat 1409 Cash.

Ein Mace hat 141 Cash.

zehn Candarini gehen auf eine Mace.

Außer den Cash's existirt keine der genannten Geldsorten; sie sind nur in der Handelssprache gebräuchlich. Die
Cash's haben in der Mitte ein Loch und werden zu 100
oder 50 Stücken an Bambusfasern gereiht.

China hat keine geprägten Münzen von Gold oder
Silber und auch kein Papiergeld. Die Zahlungen werden in spanischen oder amerikanischen Thalern, oder in
ungeprägtem Gold und Silber geleistet.

Oſt - Indien.

Singapore.

Die Fahrt von Canton nach Hong-kong ging, des
beſtändigen Gegenwindes halber, langſam, aber glücklich von ſtatten. In der erſten Nacht weckten uns zwar
einige Schüſſe aus dem Schlummer; doch mußten
dieſe uns nicht gegolten haben, da wir nicht weiter beun-
ruhiget wurden. Die Chineſen, meine Reiſegefährten,
betrugen ſich auch diesmal höchſt gefällig und anſtändig,
und ich hätte gerne, wäre mir ein Blick in die Zukunft
möglich geweſen, auf den engliſchen Dampfer Verzicht ge-
leiſtet und meine Reiſe nach Singapore auf einer chineſiſchen Dſchonke fortgeſetzt. Leider war dies nicht der Fall,
und ich mußte mich entſchließen, das engliſche Dampfboot
Pekin von 450 Pferdekraft, Kapitän Fronſon, zu benützen,
welches jeden Monat nach Calcutta fährt.

Da die Preiſe über alle Maßen hoch ſind*), rieth

---

*) Erſter Platz von Hong-kong nach Singapore 173 Dollars.
Zweiter „ „ „ „ „ 117 „
Entfernung 1100 Seemeilen.

man mir, den dritten Platz zu nehmen und eine Cabine von einem Maschinisten oder Unteroffiziere zu miethen. Ich war ganz beglückt durch diesen Rath und eilte ihn auszuführen. Man denke sich mein Erstaunen, als ich kein Billet für den dritten Platz erhielt. Es wurde mir bemerkt, daß da schlechte Gesellschaft, daß der Mond des Nachts den Passagieren des dritten Platzes, die auf dem Decke schlafen müssen, höchst gefährlich wäre, u. s. w. Vergebens wandte ich ein, zu wissen, was ich thue und wolle. Das half alles nicht; ich war, wenn ich nicht zurückbleiben wollte, gezwungen, den zweiten Platz zu nehmen. Ich konnte nicht umhin, von der englischen Willensfreiheit einen ganz sonderbaren Begriff zu bekommen.

Am 25. August Mittags 1 Uhr begab ich mich an Bord.

Als ich auf dem Schiffe ankam, fand sich auf dem zweiten Platze keinen Diener, und ich mußte einen Matrosen ansprechen, mein Gepäck in die Kajütte zu schaffen. In dieser sah es nicht im geringsten confortable aus; die Möbel waren höchst einfach, der Tisch voll Flecken und Schmutz und die Unordnung sehr groß. Ich sah nach der Schlafcabine und fand für Herren und Frauen nur ein Gemach. Doch sagte man mir, ich solle mich an einen der Vorgesetzten wenden, der würde mir gewiß einen andern Platz zum schlafen anweisen. Ich that es und erhielt auch eine niedliche Cabine. Der Steward *) war so gefällig, mir anzutragen, mit seiner Frau zu speisen. — Dies

---

*) Der Steward hat den Rang eines Unteroffiziers; er besorgt die Einkäufe der Lebensmittel und Getränke.

nahm ich nicht an; ich wollte für mein theueres Geld nicht alles aus besonderer Gnade haben. Auch war dies das erste englische Dampfschiff, auf welchem ich fuhr, und ich war neugierig zu sehen, wie die Reisenden der zweiten Klasse behandelt werden.

Die Tischgesellschaft bestand nicht nur aus den Reisenden, deren es außer mir nur noch drei gab, sondern auch aus den Köchen und Aufwärtern des ersten Platzes, aus dem Schlächter, kurz aus jedem von dem Dienstpersonale, der gelaunt war, mit unserem Tische vorlieb zu nehmen. Dabei wurde in der Toilette nicht die geringste Etikette beobachtet. Der eine erschien ohne Rock oder Jacke, der Schlächter vergaß gewöhnlich Schuhe und Strümpfe — es gehörte wahrlich ein kräftiger Appetit dazu, um in dieser Gesellschaft essen zu können.

Die Kost war wohl dem englischen Schiffspersonale und ihrem Anzuge entsprechend, nicht aber den Reisenden, von welchen jeder 13 Dollars für den Tag bezahlen mußte.

Das Tischtuch war voll Flecken und statt der Servietten konnte jeder Gast sein Sacktuch benützen. Die Eßbestecke waren theils in schwarzes, theils in weißes Horn gefaßt, die Messer schartig, die Gabelspitzen abgebrochen. Löffel gab man uns am ersten Tage gar nicht, am zweiten erschien ein einziger, der auch während der ganzen Reise ohne Gesellschaft blieb. Gläser waren zwei von der ordinärsten Sorte vorhanden, die von Mund zu Mund wanderten; mir als Frau gab man zur besondern Auszeichnung statt des Glases eine alte Theetasse mit abgebrochenem Henkel.

Der erste Koch, welcher die Honeurs machte, ent-
schuldigte jede Unordnung mit der Ausrede: „daß diesmal der Diener fehle." Diese Ausrede schien mir doch
gar zu naiv, denn wenn ich bezahle, bezahle ich für das,
was ich wirklich bekomme, und nicht für das, was ich
vielleicht ein andermal bekommen könnte.

Die Kost war, wie gesagt, sehr schlecht, — was
am ersten Tische übrig blieb, wurde uns Armen gesandt.
Zwei, drei Gerichte lagen oft in brüderlicher Eintracht
auf einer Schüssel, selbst wenn ihre Charaktere nicht in
der geringsten Harmonie standen, — darauf wurde nicht
gesehen, eben so wenig, ob die Gerichte kalt oder warm
auf den Tisch kamen.

Einst war der Hauptkoch während unsers Theezirkels
bei besonders guter Laune und sagte: „Ich gebe mir alle
Mühe, Sie gut zu nähren, ich hoffe, daß es an nichts
gebricht." — Von den Gästen antworteten zwei Engländer: „O yes, that's true,‘ der dritte, ein Portugiese,
hatte die inhaltsschwere Rede nicht verstanden, — ich als
Deutsche, die ich keinen englischen Patriotismus besaß,
würde anders geantwortet haben, wäre ich nicht Frau gewesen und hätte ich es dadurch besser gemacht.

Die Beleuchtung bestand aus einem Stückchen Un-
schlittkerze, das oft schon um acht Uhr zu Ende ging.
Man war dann gezwungen, entweder im finstern zu sitzen
oder zu Bette zu gehen.

Des Morgens diente die Cajüte noch überdieß zur
Barbierstube, des Nachmittags zur Schlafkammer, in der
sich die todmüden Köche und Diener auf den Bänken aus-
streckten.

Um den Comfort noch vollkommener zu machen, quartierte einer der Schiffsoffiziere zwei junge Hunde, die immerwährend heulten, auch in unsere Cajüte ein; in jene der Matrosen wagte er es nicht zu thun, weil man sie da ohne Umstände hinaus geworfen hätte.

Man wird meine Schilderung vielleicht für übertrieben halten, um so mehr, da man gerade bei den Engländern alles höchst bequem und ordentlich zu finden vermeint; ich kann aber versichern, daß ich vollkommene Wahrheit gesprochen habe, ja ich füge noch hinzu, daß, obschon ich viele Reisen auf Dampfschiffen gemacht, und zwar immer auf den zweiten Plätzen, mir nirgends ein so hoher Preis und eine so elende, empörende Behandlung vorgekommen ist. Nie in meinem Leben wurde ich noch auf infamere Weise um mein Geld geprellt. Das einzige angenehme auf diesem Schiffe war das Betragen der Offiziere, die alle sehr artig und gefällig waren.

Ich bewunderte nur die merkwürdige Geduld, mit welcher meine Reisegefährten alles ertrugen. Ich möchte wissen, was ein Engländer, der die Worte Comfort und comfortable stets im Munde führt, sagen würde, wenn ihm solch eine Behandlung auf einem einer andern Nation angehörigen Dampfer zu Theil würde?!

Die ersten Tage der Reise hielten wir uns beständig auf hoher See, und erst am 28. August Abends erblickten wir die gebirgige Küste Cochinchina's. Während des 29. August blieben wir der Küste stets ganz nahe. Wir sahen aber außer reich bewaldeten Gebirgsketten weder

Wohnungen noch Menschen; nur des Abends verriethen einige Feuer, die man für Lichter von Leuchtthürmen hätte halten können, daß die Gegend nicht ganz menschenleer sei.

Im Laufe des folgenden Tages sahen wir nichts als einen einzeln stehenden großen Fels, „der Schuh" genannt. Mir kam es vor, als gliche er vollkommen dem Kopfe eines Schäferhundes.

Am 2. September näherten wir uns Malacca. Bewaldete, ziemlich hohe Gebirge ziehen sich längs der Küste, in welchen viele Tiger hausen sollen, die das Reisen auf dieser Halbinsel sehr gefährlich machen.

Am 3. September erreichten wir den Hafen von Singapore, aber so spät des Abends, daß wir nicht mehr ausgeschifft werden konnten.

Am folgenden Morgen suchte ich das Handlungshaus „Behn=Mayer" auf, an welches ich Briefe hatte. Ich fand in Mad. Behn, seit ich Hamburg verlassen hatte, die erste deutsche Frau. Meine Freude darüber vermag ich gar nicht zu schildern; nun konnte ich wieder einmal in meiner Muttersprache so recht nach Herzenslust mich aussprechen. Mad. Behn ließ nicht zu, daß ich in einen Gasthof ging — ich mußte gleich bei dieser liebenswürdigen Familie bleiben.

Mein Plan war eigentlich, nur kurze Zeit in Singapore zu verweilen und meine Reise nach Calcutta auf einem Segelschiffe fortzusetzen, da ich vor den englischen Dampfern zu großen Abscheu hatte. Man sagte mir, daß selten eine Woche verginge, in der sich nicht solche Gelegenheit fände. Ich wartete aber eine Woche um die andere, und am Ende war ich doch wieder gezwungen, mich eines comfortablen englischen Dampfers zu bedienen*).

Die Europäer führen auf Singapore so ziemlich das-selbe Leben wie in Canton, jedoch mit dem Unterschiede, daß die Familien auf dem Lande wohnen und nur die Herren täglich in die Stadt fahren. Jede Familie muß eine große Dienerschaft halten, und die Hausfrau kann nur wenig in die Wirthschaft eingreifen, da diese gewöhnlich ganz dem ersten Diener übergeben ist.

Die Diener sind Chinesen, mit Ausnahme der Seis, (Kutscher oder Pferdewärter), welche Bengalen sind. Je-des Frühjahr kommen ganze Schiffsladungen chinesischer Knaben im Alter von zehn bis fünfzehn Jahren, die sich hier verdingen. Gewöhnlich sind sie so arm, daß sie die Ueberfahrt nicht bezahlen können; in diesem Falle nimmt sie der Kapitän für seine Rechnung mit, und empfängt dafür den Lohn des ersten Dienstjahres, der von dem Aufnehmer des Dieners gleich im voraus bezahlt wird. Diese Jungen leben höchst sparsam und kehren, wenn sie sich einiges Geld verdient haben, wieder in ihr Vaterland zurück; manche jedoch etabliren sich als Hand-werker und siedeln sich ganz an.

Die Insel Singapore hat eine Bevölkerung von 55,000 Seelen, darunter 40,000 Chinesen, 10,000 Ma-laien (b. s. Eingeborne) und 150 Europäer. Die Zahl der weiblichen Individuen soll sehr gering sein, da aus China und Indien nur Männer und Knaben einwandern.

---

*) Es sind dieß englische Packet-Dampfschiffe, die jeden Monat einmal von Canton nach Calcutta fahren und auf dieser Fahrt Singapore berühren.

Die Stadt Singapore zählt sammt der nahen Umgebung über 20,000 Einwohner. Die Straßen fand ich breit und luftig, die Häuser aber nicht schön — sie sind einstöckig, und da die Dächer knapp über den Fenstern sitzen, sehen sie dadurch ganz gedrückt aus. An den Fensterstöcken sind, der immerwährend gleichmäßig heißen Temperatur wegen, keine Glasscheiben, sondern nur Jalousieen angebracht.

Jeder Artikel hat hier wie in Canton, wenn gerade nicht seine Gasse, so doch eine Seite davon. Sehr schön und hoch, gleich einem Tempel, ist die Halle, in welcher Fleisch und Gemüse verkauft wird.

Da es auf dieser Insel so vielerlei Nationen gibt, so sieht man auch verschiedene Tempel, von welchen aber außer dem chinesischen keiner sehenswerth ist. Letzterer hat die Form eines Hauses; das Dach aber ist vollkommen nach chinesischer Art ausgeschmückt, nur etwas zu sehr überladen. Da gibt es Spitzen und Zacken, Räder und Bogen ohne Zahl, alle aus farbigen Ziegeln, Thon oder Porzellan zusammengesetzt und mit Blumen, Arabesken, Drachen und andern Ungethümen reichlich verziert. Ueber dem Haupteingange sind kleine Baßreliefs, in Stein gehauen, angebracht, und an hölzernen, reich vergoldeten Schnitzwerken fehlt es weder in noch außer dem Tempel.

Auf dem Altare der Göttin der Barmherzigkeit waren einige Erfrischungen aufgestellt, welche aus Früchten und Backwerk aller Art bestanden, nebst einer ganz kleinen Portion gekochten Reises. Diese Gerichte werden jeden Abend erneuert — die Reste, die der Göttin nicht munden, kommen den Bonzen zu gut. — Auf demselben

Altare lagen zwei kleine, oval geschnitzte, zierliche Hölzchen. Diese werden von den Chinesen in die Höhe geworfen und bedeuten, wenn sie auf die inwendige Seite fallen, Unglück, im entgegengesetzten Falle Glück. Die guten Leute werfen sie aber gewöhnlich so oft, bis sie nach Wunsch fallen.

Eine zweite Art, das Schicksal zu erforschen, besteht darin, mehrere dünne, hölzerne Stäbchen in einen Becher zu stecken, und diesen so lange zu schütteln, bis eines heraus fällt. Jedes dieser Stäbchen ist mit einer Zahl beschrieben, die eine Stelle in den Büchern der Sittensprüche bezeichnet. — Dieser Tempel war vom Volke mehr besucht als jener in Canton; die Hölzchen und Stäbchen scheinen auf die Menschen eine größere Gewalt auszuüben, als der eigentliche Gottesdienst, denn nur um jene sah man die Leute sich drängen.

In der Stadt selbst ist weiter nichts zu sehen; aber entzückend schön ist die Umgebung oder besser gesagt, das ganze Inselchen. Man kann seine Lage zwar nicht großartig oder erhaben nennen, da sie des Hauptschmuckes, schöner Gebirge, entbehrt (der höchste Hügel, auf welchem das Haus des Gouverneurs und der Schiffstelegraph stehen, mag kaum über 200 Fuß hoch sein); allein das üppig frische Grün, die freundlichen, in schönen Gärten liegenden Wohnhäuser der Europäer, die großen Pflanzungen der kostbarsten Gewürze, die zierlichen Areka- und Feder-Palmen, deren überaus schlanke Stämme bis zur Höhe von hundert Fuß emporschießen und in eine dichte, federartige, durch frisches Grün sich von allen andern Palmen-Gattungen unterscheidende Blätterkrone auslau-

fen, — endlich die Dschongles (Jungles, Urwälder) im
Hintergrunde, bilden die anmuthigste Landschaft, deren
Reiz noch mehr gewinnt, wenn man, wie ich, aus dem
Kerker „Canton" oder aus der öben Umgebung der Stadt
Victoria kömmt.

Die ganze Insel ist mit schönen Fahrwegen durch=
schnitten, von welchen jene, die sich an der Meeresküste
fortschlängeln, die besuchtesten sind. Man sieht hier hüb=
sche Equipagen, Pferde von Neuholland, von Java und
sogar von England*). Außer den schönen europäischen
Wagen sind auch viele hier fabrizirte sogenannte P a l a n=
k i n e im Gebrauche, die ganz gedeckt und von allen Sei=
ten mit Jalousieen umgeben sind. Gewöhnlich ist nur
e i n Pferd daran gespannt, und der Kutscher so wie der
Diener laufen neben dem Pferde her. Ich konnte mein
Mißfallen über diese barbarische Sitte nicht verhehlen.
Man sagte mir, man habe sie abschaffen wollen, daß
aber die Diener selbst wieder gebeten hätten, lieber neben
dem Wagen laufen zu dürfen, als darauf zu sitzen oder
zu stehen. Sie hängen sich am Pferde oder am Wagen
an und lassen sich mit fortreißen.

Es verging selten ein Tag, an welchem wir nicht
spazieren fuhren. Zwei Mal in der Woche hörten wir
auf der Esplanade, dicht am Meere, herrliche Militär=
Musik**). Dahin fuhr, ritt und ging die ganze elegante
Welt. Wagen reihten sich an Wagen, junge Herren zu

---

*) Die Pferde pflanzen sich hier nicht fort, sie müssen stets
    eingeführt werden.

**) Die ostindische Compagnie, der die Insel gehört, hat hier
    einen Gouverneur und englisches Militär.

Pferd und zu Fuß umschwärmten diese von allen Seiten, — man hätte sich beinahe einbilden können, mitten in Europa zu sein. Mir machte es aber mehr Vergnügen, Pflan= zungen oder andere Orte zu besuchen, als das alte euro= päische Leben hier wieder zu sehen.

Häufig ging ich nach den Muskatnuß= und Gewürz= nelken=Plantagen und erquickte mich an den balsami= schen Düften. Die Bäume der ersten sind von unten bis oben dicht belaubt, von der Größe schöner Aprikosenbäume, und die Aeste brechen weit unten am Stamme hervor; das Blatt ist glänzend, wie wenn es mit Lack überfirnißt wäre. Die Frucht gleicht vollkommen einer gelb=braun gesprengelten Aprikose. Wenn sie reif ist, platzt sie von selbst, und man sieht einen runden Kern von der Größe einer Nuß, der mit einem netzartigen Gewebe von schöner, dunkelrother Farbe umsponnen ist; dieses Gewebe ist die sogenannte Muskatblüthe. Sie wird von der Nuß sorg= fältig geschieden, im Schatten getrocknet und während des Trocknens mit Seewasser mehrmals besprengt, da sich sonst die rothe Farbe statt in die gelbe in eine schwarze verwandeln würde. Außer diesem Gewebe ist die Mus= katnuß noch mit einer leichten, zarten Schale umgeben. Die Nuß wird ebenfalls getrocknet, hierauf etwas geräu= chert und dann öfter in Seewasser, das mit einer leichten Kalkauflösung gemischt ist, getaucht, um sie gegen das Ranzigwerden zu schützen. Man findet auf Singapore auch wildwachsende Muskat=Bäume.

Ein Pikul gepflanzter Muskatnüsse kostet   60 Dollars.

    „   dto. Muskatblüthe 200   „

    „   dto. wildwachsender Muskatnüsse   6   „

Der Gewürznelkenbaum ist etwas kleiner, nicht so schön belaubt und auch nicht mit so schönen, fetten Blättern versehen wie der Muskatbaum. Die Gewürznelken sind die ungeöffneten Blüthenknospen des Baumes. Sie werden in diesem Zustande abgenommen, zuerst im Rauche getrocknet und dann auf kurze Zeit in die Sonne gelegt.

Ein anderes Gewürz ist die Arekanuß, die unter der Krone der gleichnamigen Palme in Trauben von zehn bis zwanzig Stücken wächst. Die Frucht ist etwas größer als die Muskatnuß; ihre äußere Schale scheint so schön glänzend golbgelb, daß sie den vergoldeten Nüssen gleicht, welche man den Kindern an die Weihnachtsbäumchen hängt. Ihr Kern ist an Farbe dem der Muskatnuß ähnlich, nur ist er mit keinem Netze umsponnen. Sie wird im Schatten getrocknet.

Diese Nuß wird nebst Betelblatt und aus Muscheln gebranntem Kalke von den Chinesen und Eingebornen gekaut. Sie bestreichen ein Betelblatt ganz wenig mit Kalk, geben ein kleines Stückchen der Nuß dazu und machen daraus ein Päckchen, welches sie in den Mund nehmen. Wenn sie noch Tabakblätter hinzufügen, so wird der sich bildende Saft blutroth, und sperrt dann solch ein Kauer den Mund auf, so meint man eine kleine Hölle zu sehen, um so mehr, wenn er, wie dies die Chinesen hier häufig thun, die Zähne abgefeilt und schwarz gefärbt hat. Als mir solch ein Anblick zum ersten Male zu Theil wurde, erschrack ich sehr — ich glaubte, der arme Mann habe sich beschädigt und sein Mund sei voll Blut.

Ein andermal besuchte ich eine Sago-Fabrik. Der unzubereitete Sago kömmt von der nahen Insel Boromeo

und besteht aus dem Marke einer kurzen, dickstämmigen
Palmenart. Um ihn zu gewinnen, wird der Baum im sie-
benten Jahre umgehauen, der Stamm der Länge nach ge-
spalten, und das Mark, das in sehr reichlichem Maße
darin sitzt, gesammelt, von den Fasern gereiniget, in große
Formen gedrückt und an der Sonne oder am Feuer getrocknet. Es sieht in diesem Zustande noch etwas gelblich aus. In den Fabriken macht man es zu Grütze
und zwar auf folgende Weise: Das Mehl oder Mark
wird durch mehrere Tage abgewässert, bis es schön weiß
ist, dann nochmals an der Luft oder am Feuer getrocknet
und hierauf mittelst eines Stückes runden Holzes zerdrückt
und durch ein Haarsieb gelassen. Dieses feine und weiße
Mehl kömmt dann in eine leinene Schwinge, die vorher
auf eine ganz eigene Art befeuchtet wird. Der Arbeiter
nimmt Wasser in den Mund und spritzt es, gleich einem
feinen Regen, darüber. In dieser Schwinge wird das
Mehl von zwei Arbeitern so lange hin- und hergeschüttelt
und zeitweise von solch einem Sprühregen befeuchtet, bis
es sich zu kleinen Kügelchen gestaltet, die in großen flachen Kesseln, unter beständigem Aufmischen, langsam über
dem Feuer getrocknet werden. Zu Ende schüttet man sie
nochmals durch ein etwas weiteres Sieb, in welchem die
gröberen Kügelchen zurückbleiben.

Das Gebäude, in welchem diese Arbeit verrichtet
wurde, war ein großer Schuppen ohne Wände, dessen
Dach auf Baumstämmen ruhte.

Der Güte der Herren Behn-Meyer hatte ich eine
sehr interessante Partie nach den Dschongels zu danken.
Die Herren, vier an der Zahl, waren mit Kugelflinten

versehen, da sie sich vorgenommen hatten, nach der Fährte
eines Tigers zu suchen; auch mußte man nebenbei auf
Bären, Wildschweine oder große Schlangen gefaßt sein. —
Wir fuhren in Wagen bis zu dem Flusse Gallon, wo zwei
Boote für uns bereit lagen. Bevor wir sie bestiegen, be=
sahen wir noch eine Zuckersiederei, die am Flusse lag.

Das Zuckerrohr stand vor dem Gebäude in Haufen
aufgeschichtet; es war aber nur so viel geschnitten worden,
als man in einem Tage verarbeiten konnte, da es bei der
großen Hitze gleich sauer wird. Das Rohr wird durch
Metallwalzen durchgezogen, deren Druck allen Saft
herauspreßt. Letzterer läuft in große Kessel, wo er ge=
kocht und abgekühlt wird. Zur gänzlichen Trocknung
schüttet man ihn in irdene Gefäße.

Die Gebäude waren jenen der Sagofabrik ähnlich.

Nachdem wir dies gesehen, bestiegen wir die Boote
und fuhren stromaufwärts. Bald befanden wir uns mit=
ten im Urwalde, und die Fahrt wurde mit jedem Ruder=
schlage beschwerlicher, da viele gefallene Baumstämme in
und über dem Wasser lagen. Oft mußten wir aussteigen
und die Boote über Baumstämme schieben oder heben,
oft wieder uns flach in das Boot legen, um unter den
Stämmen durchzukommen, die sich gleich Brücken über den
Fluß legten. Gesträuche, mit Dornen und Stacheln ver=
sehen, neigten sich von allen Seiten über uns, ja sogar
einzelne Riesenblätter versuchten uns den Weg zu ver=
sperren. Diese Blätter gehören einer Gattung Graspalme
an, die **Mungkuang** genannt wird; sie sind nahe dem
Stengel an fünf Zoll breit, dagegen aber bei zwölf Fuß

lang, und da der Fluß kaum über neun Fuß breit sein mochte, reichten sie bis an das jenseitige Ufer.

Doch gab es der Naturschönheiten so viele, daß diese zeitweisen Beschwerden leicht zu ertragen waren, ja sogar den Reiz des Ganzen noch hoben. Der Wald war dicht und üppig an Untergehölzen, Schlingpflanzen, Palmen, Laub= und Farrenbäumen; letztere, bis zu sechzehn Fuß hoch, bildeten nicht minder ein Schattendach gegen die glühenden Sonnenstrahlen als die Palmen und andere Bäume.

Gesteigert wurde meine Freude, als ich in den höch= sten Spitzen der Bäume einige Affen von Zweig zu Zweig springen sah und mehrere in der Nähe kreischen hörte. Ich erblickte zum ersten Male diese Thiere in ihrem Na= turzustande, und innig vergnügte es mich, daß es keinem der Herren gelang, einen der kleinen Schelme zu treffen. Sie schossen dafür einige herrliche Loris (eine Gattung kleiner Papageien vom schönsten Gefieder und Farbenspiel) und Eichhörnchen. Bald aber wurde unsere Aufmerksam= keit auf einen wichtigeren Gegenstand geleitet: wir be= merkten zwischen den Aesten auf einem der Bäume einen dunkeln Körper und erkannten bei näherer Beschauung eine große Schlange. Sie ruhte da mehrfach zusammen= gerollt und lauerte vermuthlich auf Beute. Wir wagten uns ziemlich in ihre Nähe; sie blieb unbeweglich und stierte mit ihren glänzenden Augen unverwandt nach uns, nicht ahnend, wie nahe ihr der Tod war. — Man schoß nach ihr und traf sie in die Seite. Wüthend und pfeil= schnell schoß sie vom Baume, doch so, daß sie mit dem Schwanze am Aste hängen blieb. Sie schnellte sich und

züngelte stets nach uns, doch in ohnmächtiger Wuth, da
wir uns in gehöriger Entfernung hielten. Mehrere nach-
folgende Schüsse machten ihrem Leben ein Ende, worauf
wir unter den Ast fuhren, an welchem sie hing. Einer
unserer Bootführer, ein Malaie, machte eine kleine
Schlinge von starkem, zähem Gras, befestigte sie an einem
Stocke, warf sie der Schlange um den Kopf und zog diese
so in das Boot. Er sagte uns auch, daß wir gewiß eine
zweite in der Nähe finden würden, da sich diese Schlangen immer paarweise zusammen halten. Die Herren im
zweiten Boote hatten sie auch gefunden und geschossen,
und zwar ebenfalls auf den Aesten eines großen Baumes.

Die Schlange war dunkelgrün mit schönen gelben
Streifen und an zwölf Fuß lang; man sagte mir, daß
sie zum Geschlechte der Boa's gehöre.

Nachdem wir acht englische Meilen in vier Stunden
zurückgelegt hatten, verließen wir die Boote und verfolg-
ten einen schmalen Fußpfad, der uns bald auf einige aus-
gerodete Plätze führte, die mit hübschen Pfeffer = und
Gambir-Pflanzungen bebaut waren.

Die Pfefferstaude ist ein schlankes, strauchartiges
Gewächs, das sich an Stützen fünfzehn bis achtzehn Fuß
hoch empor ranft. Die Frucht setzt sich in kleinen trauben-
förmigen Büschelchen an. Diese sind anfänglich roth,
dann grün und endlich schwärzlich. Der Strauch fängt
schon im zweiten Jahre zu tragen an.

Der weiße Pfeffer ist kein Naturprodukt, sondern
wird durch Kunst geschaffen. Man taucht nämlich den
schwarzen Pfeffer mehrmals in Seewasser, wodurch er seine
Farbe verliert und weißlich wird. — Vom weißen Pfeffer

kostet der Pikul sechs Dollars, vom schwarzen dagegen nur
drei Dollars.

Die Gambirstaube wird höchstens acht Fuß hoch;
man benützt von ihr nur die Blätter, die abgestreift und
in großen Kesseln ausgekocht werden. Der dicke Saft
kömmt in hölzerne, breite Gefäße, wird an der Sonne
getrocknet, dann in drei Zoll lange Stückchen geschnitten
und verpackt. Der Gambir ist ziemlich wichtig für die
Gerber und wird daher auch häufig nach Europa ausgeführt. Gambir- und Pfefferpflanzen stehen immer beisammen, da die letzteren mit den ausgekochten Gambirblättern
gedüngt werden.

Obwohl die Pflanzungen, wie überhaupt alle Arbeiten auf Singapore, durch freie Menschen besorgt werden,
versicherte man mir doch, daß sie billiger kämen als durch
Sclaven. Der Arbeitslohn ist über alle Maßen gering:
ein gemeiner Arbeiter erhält monatlich drei Dollars,
weder Kost noch Wohnung, und dennoch können die Leute
dabei bestehen und sogar eine Familie erhalten. — Die
Wohnung, Laubhütten, bauen sie sich selbst, die Nahrung
besteht aus kleinen Fischen, Knollengewächsen und etwas
Gemüse, und die Kleidung macht ihnen ebenfalls keine
starke Auslage, denn entfernter von der Stadt, wo sich
all die Plantagen befinden, gehen die Kinder ganz nackt,
die Männer tragen außer einem handbreiten Schürzchen,
das zwischen die Beine gezogen ist, auch weiter keine Klei-
dungsstücke, und nur die Weiber sind anständig bedeckt.

Diese Plantagen, bei welchen wir gegen zehn Uhr
angekommen waren, wurden von Chinesen bearbeitet. Sie
hatten neben ihren Laubhütten ein kleines Tempelchen von

Holz errichtet, das sie uns als Absteigequartier anwiesen.
Der Altar wurde sogleich mit einigen Speisen zierlich
ausgestattet, die uns die sorgliche Hausfrau, Mad. Vehn,
mitgegeben hatte; allein, statt wie die Chinesen, sie den
Göttern zu opfern, machten wir sündige Menschen uns
darüber und verspeisten sie mit wahrem Heißhunger.

Als der Appetit gestillt war, wurde der mitgebrach-
ten Schlange die Haut abgezogen und das Thier den Chinesen geschenkt. Diese gaben zu verstehen, daß sie selbe
nicht berühren würden, worüber ich mich sehr wunderte,
da die Chinesen alles essen. Später überzeugte ich mich
aber, daß sie sich nur zum Schein so gestellt hatten, denn
als wir nach mehreren Stunden von unserer Jagdpartie
zurückkehrten, und ich die Laubhütten der Chinesen besuchte, fand ich sie in einer solchen vereint, vor einer großen Schüssel sitzend, in welcher gebratene Stücke Fleisch
lagen, die ganz die runde Form der Schlange hatten. Die
Leute wollten sie eilig verbergen; allein ich trat rasch hinzu,
gab ihnen einiges Geld und bat sie, mich diese Speise
kosten zu lassen. Ich fand das Fleisch außerordentlich
zart und fein, sogar zarter als das Fleisch junger Hühner.

Doch ich bin voraus geeilt und habe vergessen, von
unserer Jagdpartie zu erzählen. — Wir frugen die
Arbeitsleute, ob sie uns nicht die Spur eines Tigers anzugeben wüßten. Sie beschrieben uns eine Gegend im
Walde, wo noch vor wenig Tagen solch ein Ungeheuer
residirt haben sollte. Wir machten uns sogleich auf
den Weg dahin. Das Vordringen im Walde war sehr
beschwerlich: wir mußten viel über gefallene Baumstämme
klettern, durch Gestrippe kriechen und Sümpfe überschrei-

ten; aber wenigstens ging es vorwärts, während man in
Brasiliens Urwäldern an solch ein Unternehmen gar nicht
hätte denken können. Wohl waren auch hier Schling=
pflanzen und Orchidäen, aber bei weiten nicht in solcher
Menge, wie in Brasilien, und auch die Bäume standen
hier weniger dicht beisammen als dort. Von letzteren
sahen wir mitunter wahre Prachtexemplare, die zu einer
Höhe von mehr denn hundert Fuß emporstiegen. Mich
interessirten am meisten die Ebenholz= und Kolim=Bäume.
Erstere haben zweierlei Holzgattungen. Eine bräunlich
gelbe Schichte umgibt den Kernstamm, der viel härter ist,
und eine schwärzliche Farbe hat. Dieser liefert das eigent=
liche Ebenholz.

Der Kolimbaum verbreitet einen außerordentlich star=
ken Geruch von Knoblauch, durch welchen er sich schon
von einiger Entfernung bemerkbar macht. Die Frucht
schmeckt ebenfalls ganz nach Knoblauch und wird vom
Volke häufig genossen; dem Europäer ist ihr Geruch und
Geschmack zu stark. Ich berührte nur ein Stück frischer
Baumrinde, und noch am folgenden Morgen roch meine
Hand darnach.

Mehrere Stunden trieben wir uns im Walde umher,
ohne auf das gehoffte Wild zu stoßen. Einmal wollte
man schon das Lager entdeckt haben; aber man sah her=
nach, daß man sich getäuscht hatte. Eben so behauptete
einer der Herren, das Gebrumme eines Bären gehört zu
haben; es mußte aber sehr leise gewesen sein, denn außer
ihm hörte es niemand, obwohl wir uns immer nahe zu=
sammenhielten.

Wir kehrten nach Hause zurück, zwar ohne wei=

teres Wild, aber vollkommen zufrieden mit dem herrlichen Ausfluge.

Obwohl Singapore eine kleine Insel ist und man alle möglichen Versuche und Aufmunterungen angewendet hat, die Tiger zu vertilgen, so gelang dies doch nie. Das Gouvernement gibt für jeden erlegten Tiger eine Prämie von fünfzig Dollars, und eine gleiche Summe der Verein der Singaporer Kaufleute. Das schöne Fell gehört überdies noch dem glücklichen Jäger, und selbst das Fleisch schafft Gewinn, da es die Chinesen gerne kaufen und verzehren. Die Tiger kommen aber von dem nahen Malacca, das nur durch eine ganz schmale Wasserstraße von Singapore getrennt ist, herüber geschwommen, und man wird sie daher nie ganz ausrotten können.

Zahlreich und ausgezeichnet sind auf Singapore die Früchte. Eine der besten ist die Mangustin, die außer hier und in Java nirgends vorkommen soll. Sie hat die Größe eines mittleren Apfels; die Schale ist über eine Linie dick, außen dunkelbraun, inwendig hochroth und enthält eine weiße Frucht, die sich in vier oder fünf Spalten zertheilt. Sie zerfließt beinahe im Munde und schmeckt außerordentlich fein. Die Ananas ist hier viel saftiger, süßer und bedeutend größer als in Canton; ich sah einige, die an vier Pfund wiegen mochten. Ganze Felder werden damit bepflanzt und zur Zeit der Haupitreife bekömmt man drei- bis vierhundert Stücke um einen Dollar. Man ißt sie häufig mit Salz. Eine andere Frucht Sauersop, die ebenfalls oft mehrere Pfund wiegt, ist von außen grün und enthält ein weißliches oder sehr blaßgelbes Fleisch, welches sehr stark nach Erdbeeren schmeckt, unb auch wie diefe mit Zucker unb Wein genoffen wirb. Die Gumaloh gleicht einer blaßgelben Orange, ift in meh= rere Scheiben getheilt, ſchmeckt aber weniger ſüß unb ift nicht ſo ſaftreich. Doch gibt es viele, bie ſie ben Oran= gen vorziehen; ſie ift wenigſtens fünfmal ſo groß als eine Orange. Den Preis aber verbient, wenigſtens nach mei= nem Geſchmacke*), ber Cuſtod-apple, ber grün unb mit kleinem Schuppen überbeckt ift. Das Fleiſch, in welchem ſchwarze Kerne ſitzen, ift ſehr weiß, weich wie Butter unb von unübertrefflichem Geſchmacke. Man ißt bieſe Frucht mit kleinen Löffeln.

Einige Tage vor meiner Abreiſe von Singapore hatte ich Gelegenheit, ber Leichenfeier eines wohlhabenben Chineſen beizuwohnen. Der Zug ging an unſerem Hauſe vorüber, unb trotz ber Hitze von 36 Grab ſchloß ich mich an unb begleitete ihn bis an bas Grab, bas eine Stunde weit entfernt war. Am Grabe währte bie Feierlichkeit bei zwei Stunden; ich wich aber nicht vom Platze, ba mich bie Ceremonie zu ſehr intereſſirte.

Den Zug eröffnete ein Prieſter, welchem zur Seite ein Chineſe mit einer zwei Fuß hohen Laterne ging, bie mit weißem Kammertuch überzogen war. Hierauf folgten zwei Spielleute, von benen ber eine zuweilen auf einer kleinen Trommel wirbelte, ber anbere auf zwei Meſſing= becken (Cymbeln) ſchlug. Nun kam ber Sarg, über bef= ſen Obertheil, wo ber Kopf bes Tobten lag, ein Diener einen großen aufgeſpannten Sonnenſchirm hielt. Zur

---

*) Einſtimmig ſchätzt man bie Mangustin als bie feinſte Frucht ber Welt.

Seite ging der älteste Sohn oder der nächste männliche Sprößling mit aufgelösten Haaren und ein weißes Fähnlein tragend. Die Verwandten waren in tiefer Trauer, das heißt, sie waren ganz weiß gekleidet, ja die Männer trugen sogar weiße Mützen auf dem Kopfe, und die Weiber waren mit weißen Tüchern so überdeckt, daß man nicht einmal ihr Gesicht sah. Von den übrigen Begleitern, die in beliebigen Gruppen dem Sarge folgten, hatte jeder einen weißen Streifen Kammertuches entweder um den Kopf, um den Leib oder um den Arm geschlagen. Als man bemerkte, daß ich den Zug begleitete, näherte sich mir ein Mann, der mit vielen solchen Streifen versehen war und reichte mir einen derselben — ich schlang ihn um den Arm.

Der Sarg, ein massiver Baumstamm, war mit einem dunklen Tuche überdeckt; einige Blumengewinde hingen daran, und Reis, in ein Tuch gebunden, lag darauf. Vier und zwanzig Männer trugen diese schwere Last auf ungeheuren Stangen. Bei dem Wechseln der Träger ging es stets sehr lebhaft zu — bald lachten sie und bald zankten sie sich. Auch im übrigen Publikum herrschte weder Trauer noch Andacht. Man unterhielt sich, man rauchte, man aß, und einige Männer trugen in Eimergefäßen kalten Thee nach, um die Durstigen zu laben. Nur der Sohn enthielt sich von allem: der ging, der Sitte gemäß, tief bekümmert neben dem Sarge.

Als der Zug an der Straße ankam, die zu dem Orte der Ruhe führte, warf sich der Sohn zur Erde, verhüllte sich das Gesicht und schluchzte ziemlich hörbar. Nach einiger Zeit stand er wieder auf und wankte dem Sarge nach; zwei Männer mußten ihn führen; er schien tief ergriffen und höchst leidend. Später erfuhr ich freilich, daß dies Benehmen meist erheuchelt sei, indem die Sitte gebeut, daß der Hauptleidtragende aus Schmerz schwach und krank werde, oder doch wenig= stens sich so stelle.

Am Grabe angekommen, das an dem Abhange eines Hügels sieben Fuß tief gemacht war, legten die Leute das Bahrtuch, die Blumen und den Reis zur Seite, streuten eine Menge Gold= und Silberpapier in die Grube und senkten den Sarg, der, wie ich jetzt erst sah, schön aus= gearbeitet, lackirt und hermetisch geschlossen war, hinein. Ueber dieser Handlung verging wenigstens eine halbe Stunde. Die Verwandten warfen sich Anfangs zur Erde, verhüllten sich die Gesichter und heulten jämmerlich. Da ihnen aber die Grablegung gar zu lange dauerte, setz= ten sie sich im Kreise herum, ließen sich ihre Körbchen mit Betel, Kalk und Arekanüssen reichen und fingen ganz ge= müthlich zu kauen an.

Nachdem der Sarg eingesenkt war, begab sich einer der Chinesen an den obern Theil des Grabes, öffnete das Bündelchen mit Reis und stellte eine Art Compaß darauf. Man reichte ihm eine Schnur, die er über die Mitte des Compaß zog und so lange hin und her schob, bis sie mit der Nadel desselben in gleicher Richtung lag. Eine zweite Schnur, woran ein Senkblei hing, wurde dann an die erste gehalten und in die Grube gesenkt. Nach der Lage dieser Schnur schob man nun den Sarg so lange hin und her, bis seine Mitte mit der

6*

Compaßnadel in gleicher Richtung stand — zu dieser Arbeit benöthigten sie wenigstens eine Viertelstunde.

Der Sarg wurde hierauf mit großen Bogen weißen
Papieres mehrfach überdeckt, und der Chinese, der sich mit
den Messungen befaßt hatte, hielt eine kurze Rede, während welcher sich die Kinder des Verstorbenen am Grabe
zur Erde warfen. Nach geendeter Rede streute der Redner einige Hände voll Reiskörner über den Sarg und bis
an die Kinder hin. Diese hielten die Ecken der Oberkleider auf, um von den Körnern so viel als möglich zu
erhaschen; da sie aber nur wenige bekamen, gab ihnen der
Redner noch ein Paar Fingerhüte voll dazu. Sie ban-
den sie sorgfältig in die Ecken der Oberkleider und nahmen sie mit. sich.

Das Grab wurde endlich mit Erde angefüllt, wobei
die Verwandten ein fürchterliches Geheul erhoben; so
viel ich aber bemerkte, blieb jedes Auge trocken.

Nach dieser Ceremonie setzte man gekochte Hühner,
Enten, Schweinefleisch, Früchte, Backwerk und ein Dutzend
gefüllter Theetassen nebst der Kanne, in zwei Reihen auf
das Grab. Man zündete sechs bemalte Wachskerzen an
und steckte sie neben den Speisen in die Erde. Darauf
brannte man beständig Gold- und Silberpapier an, bis
große Haufen solchen Papieres vom Feuer verzehrt waren.

Der älteste Sohn trat nun wieder an's Grab, warf
sich mehrmals davor nieder und berührte jedesmal mit der
Stirne die Erde. Man reichte ihm sechs glimmende, wohl-
riechende Papierkerzchen, die er einigemal in die Luft
schwang und dann zurückgab — auch sie wurden in die

Erde gepflanzt. Dieselbe Ceremonie ahmten die Verwandten nach.

Während dieser ganzen langen Zeit hatte der Priester, vom Grabe entfernt, ganz theilnahmslos unter dem Schatten eines mächtigen Sonnenschirmes gesessen. Nun aber kam er herbei, hielt ein kurzes Gebet, schellte dazwischen mehrmals mit einer Glocke, und sein Dienst war beendet. — Die Speisen wurden hinweg genommen, der Thee über das Grab gegossen und der Zug kehrte munter und fröhlich, unter Begleitung der Musik, die auch zeitweise am Grabe gespielt hatte, heim. — Die Speisen wurden, wie man mir sagte, an Arme vertheilt.

Am darauf folgenden Tage sah ich das berühmte Laternenfest der Chinesen. An allen Häusern, an den Ecken der Dächer, an hohen Pfählen u. s. w. hingen zahllose Laternen von farbiger Gaze und Papier, die auf das geschmackvollste geschmückt und mit Göttern, Kriegern und Thieren bemalt waren. In den Höfen und Gärten der Häuser, oder in Ermangelung derselben, auf den Straßen vor den Häusern waren auf großen Tischen halb pyramidenförmig Speisen und Früchte zwischen Blumen, Lichter- und Lampen aufgestellt. Das Volk wogte in den Straßen, Höfen und Gärten bis gegen Mitternacht umher, und dann erst wurden die eßbaren Pyramiden von den Eigenthümern und deren Verwandten angegriffen. — Mir gefiel dieses Fest sehr gut, und nichts bewunderte ich so sehr, als das bescheidene und anständige Benehmen des Volkes — es betrachtete all die Vorräthe von Eßwaaren mit prüfenden Blicken; allein niemand berührte das geringste davon.

Singapore liegt 58 Minuten (Seemeilen) nördlich der Linie, auf dem 104. östlichen Längengrade. Das Klima ist im Vergleiche zu andern südlicher gelegenen Gegenden sehr angenehm. Während meines Aufenthaltes vom 3. September bis 8. Oktober stieg die Hitze in den Zimmern selten über 23, in der Sonne über 38 Grad, und selbst diese Hitze war ziemlich erträglich, da sich jeden Morgen angenehme Seebrisen erhoben. Die Temperatur wechselt im Laufe des Jahres unbedeutend, eine Folge der nahen Lage an der Linie. Sonnen-Auf- und Untergang ist stets um sechs Uhr, worauf gleich volles Tageslicht oder Finsterniß folgt; die Dämmerung währt kaum zehn Minuten.

Zum Schlusse muß ich noch bemerken, daß Singapore in kurzem der Mittelplatz Indiens für die Dampfschiffe sein wird. Die Schiffe von Hong-kong, Ceylon, Madras, Calcutta und Europa kommen regelmäßig jeden Monat, eben so ein holländisches Kriegs-Dampfschiff von Batavia, und nächstens werden Dampfschiffe nach Manilla und Sidney gehen und gleichfalls hier anlaufen.

Oſt-Indien.

Ceylon.

Abfahrt von Singapore. Die Inſel Pinang. Ceylon. Pointe de Galle. Ausflug nach dem Innern. Colombo. Kandy. Der Tempel Dagoha. Elephanten-Fang. Rückkehr nach Colombo und Pointe de Galle. Abreiſe.

Wieder fuhr ich mit einem engliſchen Dampfer, auf dem Braganza von 350 Pferdekraft, Kapitän Boz, der am 7. Oktober von Singapore nach Ceylon abging. Die Entfernung beträgt 1500 Seemeilen.

Die Behandlung auf dieſem Schiffe war zwar von der auf dem vorigen ein wenig verſchieden, aber beinahe eben ſo ſchlecht. Wir Reiſende, vier *) an der Zahl, ſpeiſten allein und hatten ſogar einen Mulatten zum Aufwärter,

---

*) Einer davon war vom erſten Platze abgeſetzt worden, weil er, wie man behauptete, etwas verwirrt war, und nicht immer wußte, was er that oder ſprach. Da nun die Leute des erſten Platzes dies immer genau wiſſen, ſo war ihnen der Arme ein Stein des Anſtoßes, und ein Machtſpruch des Kapitäns verwies ihn zu uns; dabei muß ich aber be= merken, daß man die Bezahlung für den erſten Platz be= hielt.

der aber leider mit der Elephantiasis behaftet war, — eine
Krankheit deren Anblick gerade nicht dazu diente, den Appetit zu erhöhen.

Wir segelten in der Straße von Malacca, welche
Sumatra von der Halbinsel Malacca trennt und verloren
während des 7. und 8. Oktober das Land nicht aus dem
Gesichte. Der Vordergrund Malaccas besteht aus Hügel-
Land, das sich erst tiefer im Innern zu einer schönen Gebirgskette erhebt. Auf der linken Seite lagen mehrere
gebirgige Inseln, die uns den Anblick von Sumatra gänzlich verbargen.

Mehr als außen in der Natur gab es auf unserm
Schiffe zu sehen. Die Mannschaft bestand aus 79 Köpfen,
unter welchen Chinesen, Malaien, Cingalesen, Bengalen,
Hindostaner und Europäer waren. Bei den Mahlzeiten hielten sich gewöhnlich die Landsleute zusammen. Sie hatten
alle ungeheure Schüsseln mit Reis und kleine Näpfchen
mit Curri vor sich; einige Stückchen getrockneten Fisches
dienten statt des Brotes. Den Curri gossen sie über den
Reis, machten ihn mit den Händen durcheinander und
bildeten kleine Ballen, die sie nebst einem Stückchen Fisch
in den Mund schoben. Die Hälfte der Portion fiel
meistens wieder in die Schüssel zurück.

Die Trachten dieser Menschen waren höchst einfach.
Viele hatten außer kurzen Beinkleidern nichts am Körper.
Den Kopf deckte gewöhnlich ein schmutziger, ärmlicher
Turban, und in Ermangelung dessen ein färbiger Lappen
oder eine alte Matrosenkappe. Die Malaien hatten lange
Tücher um den Körper gewickelt, von welchen ein Theil
über die Achsel geschlagen wurde. Die Chinesen wichen

in nichts von ihrer Landestracht und Lebensweise, und nur
die farbigen Diener der Schiffsoffiziere waren mitunter
sehr zierlich und geschmackvoll gekleidet. Sie trugen
weiße Beinkleider, weite, weiße Ueberkleider mit weißen
Binden, bunte, seidene Jäckchen und kleine gestickte,
weiße Käppchen oder schöne Turbane.

Die Art und Weise, mit welcher all diese farbigen
Menschen behandelt wurden, fand ich durchaus nicht
christengemäß; es fehlte nie an rauhen Worten, an
Stößen, Puffen und Fußtritten, ja der geringste europäische Matrosenbube erlaubte sich die gröbsten Handlungen,
die gemeinsten Späße gegen jene. — Arme Geschöpfe! wie
ist es möglich, daß sie Liebe und Achtung für die Christen
fühlen sollen!

Am 9. Oktober landeten wir auf dem Eiländchen
Pinang. Das Städtchen gleichen Namens liegt in einer
kleinen Ebene, die zur Hälfte eine Erdzunge bildet. Unfern des Städtchens erheben sich hübsche Gebirge, welche
dieser kleinen Insel ein reizendes Aussehen verleihen.

Ich erhielt fünf Stunden Urlaub, die ich dazu be-
nutzte, in einem Palankine kreuz und quer durch das
Städtchen, ja sogar ein wenig ins Land hinein zu fahren.
Alles was ich sah, könnte ich mit Singapore vergleichen.
Das Städtchen selbst ist nicht hübsch, dagegen sind es aber
die Landhäuser, die alle in herrlichen Gärten liegen.
Viele gebahnte Wege durchschneiden auch dies Inselchen.

Auf einem der nahen Berge soll man einen schönen
Ueberblick über Pinang, einen Theil von Malacca und
die See haben; auf dem Wege dahin soll auch ein Wasser-

fall sein, — leider reichten die wenigen Stunden nicht
aus, alles zu besehen.

Der größte Theil der Bevölkerung dieser Insel be=
steht aus Chinesen. Handwerke und Kleinhandel liegen
fast ausschließend in ihren Händen.

Am 11. Oktober sahen wir das Inselchen Pulo-
Rondo, zu Sumatra gehörig. Nun segelten wir den
bengalischen Meerbusen von Osten nach Westen auf der
geradesten Linie durch, und bekamen bis Ceylon kein
Land mehr zu Gesicht.

Am 17. Oktober Nachmittags näherten wir uns der
Küste von Ceylon. Mit neugierigen Blicken wandte ich
mich dahin, denn Ceylon wird als ein Eden, als ein
Paradies geschildert, — ja man behauptet sogar, daß
Adam, unser Stammvater, in diesem Lande seinen Wohn=
ort genommen habe, nachdem er aus dem Paradiese ge-
trieben worden war, was man dadurch beweisen will, daß
noch jetzt einige Orte auf der Insel seinen Namen führen,
wie der „Adamspic", die „Adamsbrücke" u. s. w. —
Auch die Luft sog ich begierig ein, — ich hoffte, gleich andern Reisenden, die balsamischen Düfte der reichen Ge-
würzpflanzungen einzuathmen.

Wunderbar schön entstieg die Insel den Fluthen,
und immer herrlicher entwirrte sich die große Gebirgswelt,
die Ceylon so vielfach durchkreuzt. Die höchsten Gipfel
der Berge wurden von den Strahlen der sich neigenden
Sonne noch magisch erleuchtet, während die dichten Kokos-
wälder, die Hügel und Ebenen im schwarzen Dunkel lagen. Die aromatischen Düfte aber blieben aus, und es

roch auf unserm Schiffe wie zuvor nur nach Theer, Steinkohlen, Dampf und Oel.

Gegen neun Uhr Nachts befanden wir uns vor dem Hafen Pointe de Galle. Da die Einfahrt höchst gefähr= lich ist, blieben wir die Nacht ruhig davor liegen. Am folgenden Morgen kamen zwei Lootsen, die uns glücklich in dem schmalen Raum des tiefen Fahrwassers nach dem Hafen brachten.

Kaum an's Land gestiegen, wurden wir von Schaa= ren von Verkäufern umringt, die uns geschliffene Edel= steine, Perlen und Arbeiten von Schildkröte und Elfen= bein zum Kaufe anboten. Der Kenner mag hier vielleicht gute Geschäfte machen können; dem Laien aber ist zu ra= then, sich nicht von der Größe und dem Glanze der Edel= steine und Perlen blenden zu lassen, da die Eingebornen, wie man mir sagte, den schlauen Europäern die Kunst, bei günstigen Gelegenheiten großen Nutzen zu ziehen, be= reits abgelernt haben.

Die Lage von Pointe de Galle ist höchst anmuthig: im Vordergrunde erheben sich schöne Felsgruppen und im Hintergrunde schließen sich stolze Palmenwälder an das durch einige Festungswerke beschützte Städtchen. Die Häuser sind nett, niedrig und häufig von Bäumen be= schattet, die in manchen der reinlichen Gassen Alleen bilden.

Pointe de Galle ist der Punkt, auf welchem die Dampfschiffe von China, Bombay, Calcutta und Suez zusammen treffen. Die Reisenden, die von Calcutta, Bombay und Suez kommen, verweilen hier nur 12, höch= stens 24 Stunden; dagegen müssen aber jene, die von

China nach Calcutta sich begeben, zehn, auch vierzehn Tage
auf ben Dampfer warten, ber sie weiter befördern soll.
Mir war dieser Aufenthalt sehr erwünscht, — ich benützte
ihn zu einer Reise nach Kandy.

Von Pointe de Galle nach Colombo gehen zwei Gelegenheiten: die Mail (königl. englische Post) täglich, und
eine Privatgelegenheit dreimal in der Woche. Die Entfernung beträgt 73 englische Meilen, welche in zehn Stun-
ben zurückgelegt werden. Der Platz in der Mail kostet
zwei und ein halb Pfund Sterling, in der Privatkutsche
zwölf Schillinge. Die Kürze der Zeit zwang mich zur
ersteren meine Zuflucht zu nehmen. Die Straße ist herrlich, kein Hügel, kein Steinchen hemmt den Lauf der
flüchtigen Rosse, die überdies noch alle acht Meilen ge-
wechselt werden.

Der größte Theil des Weges führte unweit des
Meeresstrandes durch dichte Cocoswaldungen. Die Straße
war so belebt und bewohnt, wie mir selbst in Europa
nichts ähnliches vorgekommen ist. Ortschaften stießen an
Ortschaften, und der einzelnen Hütten lagen so viele dazwischen, daß man keine Minute fuhr, ohne an einer solchen
vorüber zu kommen. Auch kleine Städtchen sahen wir, von
welchen mir aber nur Calluri durch einige hübsche, von
Europäern bewohnte Häuser auffiel. Nahe dabei auf
einem felsigen Hügel an der See lag eine kleine Citadelle.

Längs der Straße standen unter kleinen Palmbächern
große irdene Gefäße mit Wasser gefüllt; Cocosschalen
lagen daneben, als Trinkgefäße dienend. Eine nicht minder lobenswürdige Einrichtung für die Bequemlichkeit des
Wanderers sind kleine gemauerte, auf den Seiten offene

Hallen, mit einem Dache überdeckt und mit Bänken versehen. Manche Reisende bringen darunter die Nächte zu.

Die stets auf= und niederwogende Menge von Menschen und Wagen machte die Reise höchst kurzweilig. Man
konnte da alle Racen studiren, aus welchen die Bevöl=
kerung Ceylon's zusammengesetzt ist. Die größte Zahl
bilden die eigentlichen Bewohner, die Cingalesen; außer=
dem gibt es Indier, Mohamedaner, Malaien, Malabaren,
Juden, Mohren, ja sogar Hottentotten. Unter den drei
erstgenannten Stämmen sah ich viele mit schöner, ange=
nehmer Gesichtsbildung; besonders schön sind die cinga=
lesischen Knaben und Jünglinge. Sie haben zarte, wohl=
gebildete Gesichtszüge und sind so schlank und fein ge=
baut, daß man leicht in den Irrthum fallen könnte, sie
für Mädchen zu halten, wozu auch viel die Art und Weise
beiträgt, wie sie die Haare stecken: sie gehen nämlich ohne
Kopfbedeckung, kämmen die Haare alle nach hinten und
drehen sie in einen Knoten, der mittelst eines Kammes,
dessen Schild flach, breit und vier Zoll hoch ist, am Hin=
terkopfe befestiget wird. Die Männer kleidet dieser Kopf=
putz gerade nicht am besten. Die Mahomedaner und Ju=
den haben etwas kräftigere Gesichtszüge, — letztere sehen den
Arabern ziemlich ähnlich; sie haben, gleich ihnen, edle
Physiognomien. Auch erkennt man die Mohamedaner
und Juden leicht an ihren geschorenen Häuptern und den
langen Bärten; sie tragen kleine weiße Käppchen oder
Turbane. Auch viele Indier schmücken sich mit Turbanen;
die meisten aber haben nur einfache Tücher, die sie über
den Kopf schlagen. Letzteres ist auch bei den Malabaren
und Malaien Sitte. Die Hottentotten lassen ihr pech=

schwarzes Haar in struppichter Unordnung über den Vor=
derkopf und den halben Nacken hängen. Die Kleidung
macht, mit Ausnahme der Mohamedaner und Juden, kei=
ner von diesen Nationen große Sorge. Außer einer klei=
nen Leibbinde oder einem handbreiten Lappen, der zwi=
schen die Beine gezogen wird, gehen sie nackt. Jene, die
gekleidet sind, tragen kurze Hosen und ein Oberkleid.

Vom weiblichen Geschlechte sah ich sehr wenige, und
diese nur nahe an ihren Hütten. Es scheint, daß sie hier
seltner als irgendwo ihre Wohnungen verlassen. Auch
ihre Tracht war sehr einfach. Eine Schürze um die Len=
den gebunden, ein kurzes Jäckchen, das den Oberkörper
mehr entblößte als deckte, und ein Lappen, der über den
Kopf hing, bildeten den ganzen Anzug. Viele waren in
große Tücher eingeschlagen, die sie ziemlich lose trugen.
Die Kanten der Ohren, so wie die Ohrläppchen hatten sie
durchstochen und mit Ohrgehängen geschmückt. An den
Füßen, Armen und am Halse trugen sie Ketten und Span=
gen von Silber oder anderem Metalle, und an einer der
Fußzehen einen großen, sehr massiven Ring.

Man sollte meinen, daß das weibliche Geschlecht in
einem Lande, wo es sich so wenig zeigen darf, immer
strenge verhüllt sein müsse; dies war aber hier gerade
nicht der Fall. Manche hatten Jäckchen und Kopftuch
vergessen, und besonders schien diese Vergessenheit den
alten Weibern eigen zu sein, die in dieser Blöße wahr=
haft widerlich aussahen. Unter den jüngern gab es manch
schönes ausdrucksvolles Gesichtchen; nur mußte man sie
ebenfalls nicht ohne Jäckchen sehen, da ihre Brüste bis
an die Lenden hinab hingen.

Die Hautfarbe der Bewohner varirt von licht-
bis dunkelbraun, röthlichbraun und kupferroth. Die
Hottentotten sind schwarz, aber nicht von dem glänzenden
Schwarz der Neger.

Merkwürdig ist die Scheu, die all diese halbnackten
Leute vor dem Regen und vor nassen Stellen haben. Zufällig fing es an ein wenig zu regnen; augenblicklich
sprangen sie wie Seiltänzer über jede kleine Pfütze und
eilten den Hütten und Häusern zu, um sich darunter zu
bergen. Jene, welche gezwungen waren, ihren Weg fortzusetzen, hielten statt der Regenschirme die Blätter der
Schirmpalme (Corypha umbraculifera), auch Talibot
genannt, über sich. Diese Blätter haben bei vier Fuß im
Durchmesser und lassen sich leicht zusammenhalten wie
Fächer. Ein solches Riesenblatt ist groß genug zwei
Menschen vor dem Regen zu schützen.

Viel weniger als den Regen fürchten sie die glühenden Sonnenstrahlen. Man sagt, daß die Sonne den Eingebornen nicht gefährlich sei, indem diese ihre dicke Hirnschale und das darunter liegende Fett vor dem Sonnen-
stiche schütze.

Ganz eigener Art fand ich die Fuhrwerke, die ich
hier sah: es waren hölzerne zweiräderige Karren mit
Palmendächern, die vorne und hinten bei vier Fuß
über den Karren hinaus reichten. Diese Vorsprünge dienen dem Fuhrmanne als Schutz gegen Regen und Sonne,
sie mögen kommen von welcher Seite sie wollen. Die
Ochsen, stets zwei, waren so weit vom Wagen gespannt,
daß der Kutscher ganz bequem zwischen ihnen und dem
Wagen gehen konnte.

Die Frühstückszeit, eine halbe Stunde, benützte ich, an den Meeresstrand zu gehen, wo ich auf gefährlichen Klippen, mitten in den schauerlichsten Brandungen, viele Menschen emsig beschäftigt sah. Die einen lösten mittelst langen Stangen Schaalthiere von den Felsen, die andern stürzten sich in den Meeresgrund, sie herauf zu holen. Ich dachte, in den Schalen müßten Perlen enthalten sein, da sich meiner Meinung nach die Menschen blos der Austern wegen nicht solchen Gefahren aussetzen würden. Dennoch war letzteres der Fall, denn später erfuhr ich, daß der Perlfang wohl auf dieselbe Art betrieben wird, aber an der Ostküste Ceylon's und nur in den Monaten Februar und März.

Die Boote, deren sich die Leute bedienten, waren von zweierlei Art, die größeren, die an vierzig Mann faßten, sehr breit, von Brettern zusammengefügt und mit Stricken von Cocosfasern verbunden — die kleineren glichen jenen, die ich in Taiti gesehen hatte; nur kamen sie mir noch gefährlicher vor. Ein ganz seichter, äußerst schmaler, ausgehöhlter Baumstamm bildete die Grundlage; die Seitenwände waren durch Bretter erhöht und mit Seiten= und Querstangen versehen. Das Fahrzeug ragte kaum anderthalb Fuß hoch aus dem Wasser und die obere Breite betrug keinen ganzen Fuß. Ein Brettchen zum sitzen lag darüber; die Kniee aber mußten aus Mangel an Raum über einander gelegt werden.

Der größte Theil des Weges ging, wie gesagt, durch Cocoswaldungen, in welchen der Boden sehr sandig, von Schlingpflanzen und Untergehölzen ganz frei war; wo aber Laubbäume standen, fand ich das Erdreich fett und

Baumstämme und Boden von üppig wuchernden Schlingpflanzen überdeckt. Von Orchideen gab es sehr wenige.
Wir setzten über vier Flüsse, den Tindureh, Ben-
tock, Caltura und Pandura. Zwei überfuhren wir in
Booten, über die andern gelangten wir auf schönen, hölzernen
Brücken. Zehn englische Meilen von Colombo fingen die
Zimmtpflanzungen an. Auf dieser Seite Colombo's lie-
gen auch alle Landhäuser der Europäer; sie sind sehr ein-
fach, von Cocospalmen umschattet und mit Mauern um-
geben. Nachmittags drei Uhr rollte unser Wagen über zwei
Zugbrücken, durch zwei Festungsthore in die Stadt. Die
Lage Colombo's ist bei weitem anmuthiger als jene von
Pointe de Galle, da man den schönen Gebirgen bereits
um vieles näher ist.

Ich hielt mich hier nur über Nacht auf und ging
schon am folgenden Morgen mit der Post weiter nach der
72 englische Meilen entfernten Stadt Kandy.

Am 20. Oktober um fünf Uhr wurde abgereist.
Colombo ist eine sehr ausgedehnte Stadt. Wir fuhren
durch unendlich lange, breite Straßen, zwischen hübschen
Häusern, die alle mit Veranden und Säulengängen umgeben waren. Einen schauerlichen Eindruck machten auf
mich die vielen Menschen, die unter diesen Veranden oder
Vorsprüngen der Häuser ausgestreckt lagen und mit weißen Laken überdeckt waren. Anfangs dachte ich, es
seien Todte; dann aber wurde mir die Zahl zu groß, und
ich sah wohl, daß es nur Schläfer waren. Auch fing
mancher an sich zu bewegen und das Leichentuch von

Anmerkung. Die Entfernungen der Landreise rechne ich nach
englischen Meilen, deren 4 etwa eine deutsche Meile machen.

sich zu streifen. Auf mein Befragen erfuhr ich, daß die Eingebornen es angenehmer finden, vor als in den Häusern zu schlafen.

Eine lange Schiffbrücke führt über den bedeutenden Fluß Calanyganga, und der Weg wendet sich nun immer mehr von dem Meere ab; auch die Landschaft ändert sich bald. Schöne Reißpflanzungen erstrecken sich über große Ebenen, deren saftiges Grün mich an unsere Waizensaaten erinnerte, wenn sie im Frühlinge hervortreten. Die Waldpartien bestehen aus Laubholz, und die Palmen werden seltener; nur hie und da stehlen sie sich in die fremden Waldungen, aus welchen sie gleich Riesen emporragen und alles überschatten. Nichts war schöner, als wenn die zarten Schlinggewächse sich auch an die Palmen wagten, den langen Stamm umrankten und bis an die hohe Blätterkrone reichten.

Nachdem wir bei sechzehn englische Meilen zurückgelegt hatten, fingen die Anhöhen und Hügel an, und bald umgaben uns die Gebirge von allen Seiten. Am Fuße jedes Berges standen Vorspannpferde bereit die uns eilig über Berg und Höhe brachten. Auch diese 72 Meilen, obwohl wir bis Kandy bei 2000 Fuß emporstiegen, wurden in eilf Stunden gemacht.

Je näher wir dem Gebiete Kandy's kamen, desto vielfältiger und abwechselnder wurden die Gebirgsscenerien. Bald war man enge von ihnen umschlossen, bald thürmten sich Berge auf Berge, und eine Kuppe suchte die andere an Höhe und Schönheit der Form zu überbieten. Bis zur Höhe von einigen tausend Fuß waren sie üppig bewachsen, dann kämpfte sich aber meistens das Felsengebiet durch. — Nicht minder interessant als die Gegend waren mir die seltsamen Gespanne, die uns zeitweise begegneten. Ceylon ist, wie man weiß, reich an Elephanten, deren viele gefangen und zu verschiedenen Arbeiten verwendet werden. Hier waren sie zu zwei bis drei vor große Wagen gespannt, um Steine zur Ausbesserung der Straßen herbei zu fahren.

Vier Meilen vor Kandy kamen wir an den Fluß Mahavilaganga, über welchen sich eine meisterhafte Brücke aus einem einzigen Bogen wölbt. Brücke und Sparrenwerk sind aus dem kostbaren Satin Wood (Atlas-Holz). An diese Brücke knüpft sich folgende Sage:

Als die Eingebornen von den Engländern besiegt wurden, gaben sie die Hoffnung, ihre Freiheit wieder zu erringen, nicht auf, weil eines ihrer Orakel prophezeit hatte, so unmöglich es sei, durch einen Weg die beiden Ufer des Mahavilaganga zu verbinden, eben so unmöglich werde es einem Feinde sein, eine dauernde Herrschaft über sie zu erringen. Anfangs lächelten sie, als der Bau der Brücke begonnen wurde, und meinten, er werde nie gelingen. Nun denken sie, wie man mir sagt., an keine Befreiung mehr.

Nahe an der Brücke befindet sich ein botanischer Garten, welchen ich des folgenden Tages besuchte. Mich überraschte die schöne Ordnung, so wie der Reichthum an Blumen, Pflanzen und Bäumen.

Diesem Garten gegenüber liegt eine der größten Zuckerplantagen; in der Umgebung sind mehrere Kaffeepflanzungen.

Die Lage Kandy's ist, nach meinem Geschmacke,

überaus reizend. Viele behaupten zwar, daß die Berge
gar zu nahe seien, und daß Kandy eigentlich in einem
Kessel liege. Jedenfalls ist aber dieser Kessel reizend, um
so mehr, als er in der üppigsten Vegetation erblüht. Das
Städtchen ist klein und häßlich: man sieht nichts als einen
Haufen kleiner Kramläden, vor welchen sich die Eingebornen umhertreiben. Die wenigen Häuser der Europäer,
die Geschäftslokale und Kasernen, liegen außer der Stadt
auf kleinen Hügeln. Große, künstlich angelegte Wasserbecken, von herrlichem, durchbrochen gearbeitetem Mauer-
werke umgeben und von Alleen der mächtigen Tulpenbäume
beschattet, füllen einen Theil des Thales aus. An einem
dieser künstlichen Teiche liegt der berühmte Buddha-Tempel
Dagoha, der im maurisch-hindostanischen Style aufgeführt
und reichlich mit Verzierungen ausgestattet ist.

Als ich die Postkutsche verließ, empfahl mir einer
der Reisenden einen guten Gasthof und hatte noch die
Güte, einen Eingebornen herbei zu rufen und ihm den
Ort zu erklären, wohin er mich zu führen habe. Als ich am
Gasthofe ankam, bedauerte man sehr, kein leeres Zimmer
mehr zu haben. Ich bat die Leute, meinem Führer ein
anderes Haus anzuzeigen, was sie auch thaten. Der
Bursche führte mich hierauf von dem Städchen weg, wies
nach einem nahen Hügel, und bedeutete mir, daß hinter
diesem das Gasthaus liege. Ich glaubte es ihm, da ich
sah, daß alle Gebäude weit von einander lagen. Als ich
aber auf dem Hügel ankam, sah ich statt des Hauses eine
etwas entlegene Gegend und einen Wald. Ich wollte
zurück; doch der Kerl merkte nicht auf mich und schritt dem
Walde zu. Ich riß ihm mein Felleisen von der Schulter

und wich nicht von der Stelle. Er wollte es mit Gewalt
wieder nehmen; da sah ich aber glücklicherweise in einiger
Ferne zwei englische Soldaten, denen ich zuschrie und zu=
winkte, herbei zu kommen. Als der Bursche dies sah, lief
er davon. — Ich erzählte den Soldaten mein Abentheuer;
sie wünschten mir Glück zur Rettung meines Gepäckes und
führten mich hierauf zur Kaserne, wo einer der Offiziere
so gefällig war, mich in einen andern Gasthof führen
zu lassen.

Mein erster Besuch galt dem Tempel **Dagoha**, der
eine große Reliquie der Gottheit Budbha: einen ihrer
Zähne enthält. Der Tempel sammt den Nebengebäuden
ist von Mauern umgeben. Der Umfang des Haupttempels
erschien sehr unbedeutend, und das Allerheiligste, welches
den Zahn enthält, ist ein kleines Gemach von kaum zwan=
zig Fuß im Durchmesser. Tiefe Finsterniß herrscht darin=
nen, da es keine Fenster hat, und innerhalb der Thüre
ein Vorhang hängt, um das einfallende Licht abzuhalten.
Die Wände und die Decke sind mit seidenen Teppichen
ausgelegt, die aber kein anderes Verdienst als jenes des
Alters haben. Sie waren zwar mit Goldfäden durchwirkt,
scheinen jedoch nie allzureich gewesen zu sein, und ich
konnte mir durchaus nicht vorstellen, daß sie je einen so gro=
ßen, blendenden Effekt hervorgebracht haben, wie manche
Reiseberichte melden. Das halbe Gemach nimmt eine
große Tafel (eine Art Altar) ein, die mit Silberplatten
ausgetäfelt und an den Kanten mit Edelsteinen besetzt ist.
Auf dieser Tafel steht ein glockenartiger Sturz, der an dem
unteren Ende einen Durchmesser von wenigstens drei Fuß,
und eine gleiche Höhe hat. Er ist von stark vergoldetem

Silber und mit vielen kostbaren Edelsteinen ausgeschmückt. Ein Pfau in der Mitte ist blos aus Edelsteinen
zusammengesetzt; doch machen all' diese vielen und großen
Edelsteine keinen besondern Effekt, da sie sehr plump und
unvortheilhaft gefaßt sind.

Unter dem Riesensturze befinden sich sechs kleinere,
die von reinem Golde sein sollen, — der letzte deckt den
Zahn der allmächtigen Gottheit. Den äußeren Sturz ver-
sperren drei Schlösser, zu welchem zwei der Schlüssel bei
dem englischen Gouverneur liegen, während der dritte bei
dem Oberpriester des Tempels bleibt. Vor kurzem hat
aber das Gouvernement die beiden Schlüssel unter großen
Feierlichkeiten den Eingebornen zurückgegeben, und sie befinden sich jetzt bei einem der Radscha's (Prinzen) der Insel.

Die Reliquie selbst wird höchstens einem Prinzen oder
sonst einem Mächtigen der Erde gezeigt, andere Leute
müssen sich mit den Worten des Priesters begnügen, der
gegen eine kleine Belohnung die Gefälligkeit hat, die
Größe und Schönheit des Zahnes zu beschreiben. Seine
blendend weiße Farbe soll das Elfenbein beschämen, seine
Form, alles der Art bisher Gesehene übertreffen, und
seine Größe der eines mächtigen Ochsenzahnes ent-
sprechen.

Unzählige Menschen wallfahrten jährlich hieher, um
dem göttlichen Zahne ihre Verehrung darzubringen.

Der Glauben macht selig; — gibt es doch unter
den christlichen Secten viele Menschen, die Dinge für wahr
halten, wozu kein minder fester Glaube gehört. So
erinnere ich mich noch aus meiner Jugendzeit einst einem
Feste beigewohnt zu haben, das zu Calvaria, einem Wall-

fahrtsorte in Galizien, noch jetzt alljährlich gefeiert wird. Eine große Anzahl Pilger kommen dahin, um Splitter= chen vom Kreuze des Heilandes zu holen. Die Priester machten ganz kleine Kreuzchen von Wachs, worauf sie, wie sie dem gläubigen Volke versicherten, Splitterchen vom wahren Kreuze Christi klebten. Diese Kreuzchen waren in Papier gewickelt und standen in vollen Körben zur Austheilung, das heißt zum Verkaufe bereit. Jeder Bauer pflegte wenigstens drei Stücke zu nehmen, von welchen er eines in die Stube, das zweite in den Stall und das dritte in die Scheune legte. Das sonderbarste dabei war, daß dieser Kauf alle Jahre wiederholt werden mußte — die alten Kreuzchen hatten nach Verlauf dieser Zeit ihre heilige Kraft verloren.

Doch kehren wir wieder nach Kandy zurück. In einem zweiten Tempel, der sich an das Heiligthum anschließt, sind zwei riesige Statuen des Gottes Buddha in sitzen= der Stellung, — beide sollen vom feinsten Golde sein (inwendig hohl). Vor diesen kolossalen Figuren stehen ganze Reihen kleiner Buddha's, die aus Crystall, Glas, Silber, Kupfer oder anderen Materialien verfertigt sind. Auch in der Vorhalle sieht man mehrere aus Stein ge= hauene Statuen von Göttern, nebst andern Fragmenten, die aber alle ziemlich roh und steif gearbeitet sind. Mitten darunter steht ein kleines Monument von einfachem Mauer= werke, einer umgestürzten Glocke gleichend; es soll das Grab eines Braminen enthalten.

An den Außenwänden des Haupttempels sieht man die ewigen Strafen in jämmerlichen Fresken gemalt. Letztere stellen Menschen dar, die geröstet, oder mit glühenden

Zangen gezwickt, ober theilweise gebraten wurden, ober
Feuer verschlucken mußten. Dann sah man solche, die
zwischen Felsen eingezwängt waren, andere, welchen
Fleisch aus dem Körper geschnitten wurde, u. s. w. Doch
scheint bei den Budbhisten auch das Feuer bei den ewigen
Strafen die Hauptrolle zu spielen.

Die Pforten des Haupttempels sind von Metall, die
Thürstöcke von Elfenbein. Auf ersteren sind in erhabe-
ner, auf letzteren in eingelegter Arbeit die herrlichsten
Arabesken, Blumen und andere Verzierungen angebracht.
Vor dem Eingange der Hauptpforte stehen als Zierde vier
der größten Elephantenzähne, die je gefunden wurden.

Im Hofe rings umher sind die Zelte der Priester.
Diese letzteren gehen stets mit entblößtem, ganz geschor-
nem Haupte, und ihre Tracht besteht in lichtgelben Oberkleidern, die den Körper so ziemlich bedecken. Einst soll
dieser Tempel fünfhundert dienstthuende Priester gehabt
haben, — jetzt muß sich die Gottheit mit einigen Dutzenden
begnügen.

Die Andachtsbezeigungen der Budbhisten bestehen
hauptsächlich in Blumen- und Geldspenden. Täglich wird
des Morgens und des Abends vor der Pforte des Tempels eine ohrenzerreißende Musik, Tam-tam genannt, mit
einigen weithin schallenden Trommeln und Pfeifen ausgeführt. Bald darauf sieht man Leute von allen Seiten
herbeikommen, welche die schönsten Blumen in Körben
bringen. Die Priester schmücken damit die Altäre aus,
und zwar mit solcher Zierlichkeit und solchem Geschmacke,
daß sie hierin gewiß nicht zu übertreffen sind.

Außer diesem Tempel gibt es noch einige andere in

Kandy, von welchen jedoch nur noch einer merkwürdig
ist. Dieser liegt am Fuße eines Felshügels, in welchen
eine sechsunddreißig Fuß hohe Bubdha-Statue ausgehauen
ist. Ein kleiner, niedlicher Tempel wölbt sich darüber.
Der Gott ist mit den buntesten Farben bemalt. Die
Wände des Tempels, mit schönem, röthlichem Cement
überkleidet, sind in kleine Felder getheilt, in welchen
überall der Gott Bubdha al fresco erscheint. Einige
Bildnisse Vischnu's, einer andern Gottheit, findet man
jedoch darunter. Besonders schön und frisch haben sich
die Farben an der südlich gelegenen Wand des Tempels
erhalten.

Ein Grabesmonument, gleich jenem im Tempel
Dagoha, steht ebenfalls hier, aber nicht eingeschlossen im
Tempel, sondern unter Gottes freiem Himmel, beschattet
von ehrwürdigen Bäumen.

Neben den Tempeln gibt es häufig Schulen, in welchen die Priester das Lehramt versehen. Bei diesem
Tempel fanden wir ein Dutzend Jungen (Mädchen dürfen
keine Schule besuchen), die sich gerade mit schreiben be-
schäftigten. Die Vorschriften waren mittelst eines Griffels
auf schmale Palmblätter sehr schön geschrieben. Die
Knaben schrieben auf demselben Materiale.

Höchst lohnend ist ein Spaziergang nach dem großen
Thale, das von dem Mahavilaganga durchschnitten wird.
Es ist von zahllosen, wellenförmigen Hügeln durchzogen,
deren viele in regelmäßige Terassen getheilt und mit Reis
oder Kaffee bepflanzt sind. Die Natur ist hier jung und
kräftig und belohnt reich den Fleiß des Pflanzers. Die
Schlagschatten dieses Bildes bilden dunkle Haine von

Palmen oder Laubbäumen, den Hintergrund theils hohe
Gebirge in sammtgrünem Festkleide, theils wildromanti=
sche Fels=Kolosse in düster=grauer Nacktheit.

Ich sah viele der höchsten Berge Ceylon's, Riesen
von 8000 Fuß Höhe, leider aber nicht den berühmtesten,
den Adamspic. Dieser Berg, 6500 Fuß hoch, soll
auf der letzten Spitze so steil sein, daß man, um das Er=
steigen möglich zu machen, kleine Stufen in den Fels ge=
hauen und eine eiserne Kette gezogen hat. Die Mühe
des kühnen Kletterers wird aber reichlich belohnt. Oben
auf der Platte ist die zarte Spur eines fünf Fuß langen
Füßchens abgedrückt. Die Muhamedaner legen dies
übernatürliche Zeichen unserm kräftigen Stammvater Adam
bei, die Buddhisten ihrem großzahnigen Gotte Buddha.
Von beiden Völkern wallen jährlich viele Tausende hin,
ihre Andacht darzubringen.

Zu Kandy ist noch der Palast des ehemaligen Kö=
nigs oder Kaisers von Ceylon zu sehen — ein schönes
gemauertes Gebäude, das aber wenig eigenthümliches
hat; ich würde es für ein von Europäern aufgeführtes
Werk gehalten haben. Es besteht aus einem etwas er=
höhten Erdgeschosse mit großen Fenstern und schönen Vor=
hallen, die auf Säulen ruhen. Das einzige merkwürdige
ist im Innern ein großer Saal, dessen Wände mit einigen
grob und steif ausgearbeiteten Reliefs, Thiere darstellend,
ausgeschmückt sind. Seit der eingeborne Monarch von
Ceylon durch die nimmersatten Engländer in Ruhestand
versetzt wurde, bewohnt der englische Resident oder Gou=
verneur diesen Palast.

Wäre ich vierzehn Tage früher nach Kandy gekom=

men, so hätte ich einer Elephanten-Jagd oder, besser gesagt, einem Elephanten-Fange beiwohnen können. Man sucht zu diesem Zwecke an den Ufern eines Flusses den Ort auf, wohin diese Thiere gewöhnlich zur Tränke gehen. Da wird dann ein großer Raum mit Pfählen umgeben, zu welchem, verzweigte enge Wege, ebenfalls von starken Pfählen umzäunt, führen. Ein abgerichteter Elephant, in der Mitte dieses Raumes angebunden, lockt durch sein Geschrei die durstigen Thiere an sich, die sorglos in die Irrwege gehen, aus welchen sie nicht mehr hinaus können, da die Jäger und Treiber hinter ihnen her sind, durch Lärmen sie in Schrecken setzen und dem großen Raume zu treiben. Die ausgezeichnet großen Thiere werden lebend gefangen, indem man sie etwas Hunger leiden läßt, wodurch sie so folgsam werden, daß sie sich ruhig eine Schlinge umwerfen lassen und ohne Wiederstand dem gezähmten Elephanten folgen. Die übrigen werden entweder getödtet oder frei gelassen, je nachdem sie schöne Hauer (Zähne) haben oder nicht.

Die Vorbereitungen zu solch einem Fange währen oft mehrere Wochen, da außer der Einzäunung des Platzes auch viele Treiber die Elephanten weit und breit aufsuchen und nach und nach dem Wasserplatze zutreiben müssen.

Manchmal geht man auch, nur mit Gewehren versehen, auf die Elephanten-Jagd; doch ist dies gefährlich. Der Elephant hat nämlich, wie bekannt, nur eine leicht verwundbare Stelle: die Mitte der Hirnschale. Trifft man diese, so erlegt man das Ungeheuer auf den ersten Schuß; fehlt man sie aber, dann wehe dem Jäger — er wird von den Füßen des wüthenden Thieres zermalmt. —

Sonst ist der Elephant sehr friedliebend und greift nicht leicht den Menschen an.

Die Europäer richten die Elephanten zum ziehen und Lasttragen ab, (ein Elephant trägt bis vierzig Centner) die Eingebornen halten sie mehr zur Zierde und zum reiten.

Nach drei Tagen verließ ich Kandy und ging wieder nach Colombo zurück. Hier mußte ich mich einen Tag aufhalten, weil gerade Sonntag war, während dessen keine Mail geht.

Ich benutzte diese Zeit, die Stadt, die von einem starken Fort beschützt wird, zu besehen. Sie ist sehr ausgedehnt, hat hübsche breite Straßen und nette, einstöckige Häuser, die mit Veranden und Säulengängen umgeben sind. Die Bevölkerung wird auf 80,000 Seelen gerechnet, darunter (ohne Militär) ungefähr 100 Europäer und 200 Abkömmlinge von Portugiesen, welch letztere schon vor Jahrhunderten hier eine Ansiedlung gegründet hatten. Ihre Gesichtsfarbe ist so braun wie jene der Eingebornen.

Des Morgens besuchte ich den katholischen Gottesdienst. Die Kirche war voll von irländischem Militär und Portugiesen. Die Portugiesinnen erschienen sehr reich gekleidet: sie trugen gefaltete Röcke und kurze Jäckchen von Seidenstoffen, Ohrgehänge von Perlen und Edelsteinen und um den Hals, um die Arme, ja sogar um die Füße Gold- und Silberketten.

Nachmittags ging ich nach einigen Zimmtpflanzungen, deren viele um Colombo liegen. Der Zimmt-Baum oder Strauch ist in Reihen gepflanzt, höchstens neun Fuß hoch, und trägt weiße, geruchlose Blüthen. Aus der Frucht, die kleiner als eine Eichel ist, wird Oel gewonnen, welches, wenn man die Frucht zerquetscht und kocht, obenauf schwimmt. Man mengt es mit Cocosöl und verbraucht es bei der Beleuchtung.

Die Zimmternte hat zweimal im Jahre statt: die erste (große) von April bis Juli, die zweite (kleine) von November bis Januar. Die Rinde wird mittelst eines Messers von den dünnen Aesten geschält und an der Sonne getrocknet, wodurch sie eine gelbliche oder bräunliche Farbe bekömmt. Der feinste Zimmt ist lichtgelb und höchstens von der Dicke eines Kartenpapieres.

Das feine Zimmtöl, das man als Arznei gebraucht, wird aus dem Zimmt selbst gezogen. Man schüttet ihn in ein hölzernes, mit Wasser angefülltes Gefäß und läßt ihn acht bis zehn Tage darin liegen. Die ganze Masse wird hierauf in einen Destillirkolben gegeben und über einem kleinen Feuer destillirt. Auf dem daraus gewonnenen Wasser sammelt sich nach kurzer Zeit Oel, welches man mit der größten Sorgfalt abschöpft.

Unter den Thieren Ceylon's fielen mir außer den Elephanten noch besonders die Raben auf, und zwar durch ihre Menge und ihre Zahmheit. In jedem Städtchen und Dörfchen sieht man eine Unzahl dieser Vögel, die an die Thüren und Fenster kommen und alles aufpicken. Sie sind dem Lande das, was die Hunde der Türkei — sie zehren allen Unrath auf. Das Hornvieh ist etwas klein und hat zwischen den Schulterblättern Höcker, die aus Fleisch bestehen und für Leckerbissen gehalten werden.

In Colombo und Pointe de Galle sieht man auch

viele große weiße Büffel, die dem englischen Gouvernement gehören und von Bengalen hierher gebracht werden. Man gebraucht sie zum schweren Zuge.

Unter den Früchten war die Ananas von vorzüglicher Größe und Güte.

Die Temperatur fand ich ziemlich gemäßigt, besonders in dem hochgelegenen Kandy, wo es bei vielem Regen beinahe kalt wurde. Des Abends und Morgens fiel der Thermometer bis auf 13 Grad, des Mittags in der Sonne stieg er höchstens auf 21 Grad. In Colombo und Pointe de Galle war die Witterung schön und die Temperatur um 7 Grad wärmer.

Am 26. Oktober kam ich wieder nach Pointe de Galle, und am folgenden Tage schwamm ich, und zwar abermals auf einem englischen Dampfer, Indien zu.

Die Größe der Insel Ceylon: 1800 Quad.-Meilen.

Einwohner-Zahl: 980,000.

Hauptstadt: Colombo mit 80,000 Einwohnern.

Religion der Eingeborenen: der Buddhismus.

Geldsorten: englische.

Bengalen.

Madras und Calcutta.

Am 27. Oktober Mittags begab ich mich an Bord
des Dampfers Bentink von 500 Pferdekraft. Die Anker
wurden erst gegen Abend gelichtet.

Unter den Reisenden befand sich ein indischer Prinz,
Namens Shabathan, der von den Engländern gefangen
genommen worden war, weil er den mit ihnen geschlossenen Frieden gebrochen hatte. Er wurde seinem Stande
gemäß behandelt, und man hatte ihm seine beiden Gesellschafter, seinen Mundschi (Sekretär) so wie sechs seiner
Diener gelassen. Alle waren orientalisch gekleidet; nur
statt der Turbane hatten sie hohe, runde Mützen von ge-
steifter Pappe, mit Gold oder Silberstoff überzogen.
Sie trugen reiche schwarze Locken und Bärte.

Die Gesellschafter speisten mit den Dienern gemein-
schaftlich. Ein Teppich wurde auf dem Decke ausgebreitet
und zwei große Schüsseln darauf gestellt, deren eine ge-

kochte Hühner, die andere Pillav enthielt; — die Leute
aßen mit den Händen.

28. Oktober. Stets hatten wir die schöne Linie
der dunkeln Gebirgskette Ceylons im Auge. Auch fehlte
es nicht an einzelnen Felskolossen, die aus dem Meere
emportauchten.

Am 29. Oktober sahen wir kein Land. — Einige
Wallfische verriethen ihr Dasein durch sprühenden Thau-
regen, und mächtige Schwärme fliegender Fische wurden
durch das Getöse unseres Dampfers aufgeschreckt.

Am 30. Oktober Morgens überraschte uns der Anblick des Festlandes von Indien. Bald kamen wir den
Ufern so nahe, um unterscheiden zu können, daß sie eben
nicht zu. den reizendsten gehörten: sie waren flach und
theilweise mit gelbem Sande bedeckt; niedrige Hügelketten
zeigten sich im Hintergrunde.

Um ein Uhr Nachmittags ließen wir in ziemlicher
Entfernung von der Stadt Madras (5 Seemeilen) die
Anker fallen. Kein Ankerplatz bietet so viele Gefahren
wie der vor Madras. Die Brandung ist so stark, daß man
der Stadt zu keiner Zeit mit einem größeren Schiffe nahen
kann, — oft vergehen Wochen, während der nicht einmal
Boote zukommen. Die Schiffe legen daher auch nur auf
ganz kurze Zeit an, und man sieht selten mehr als ein
halbes Dutzend vor Anker liegen. Große Boote, mit zehn,
auch zwölf Ruderern bemannt, kommen an die Schiffe, um
in Eile die Reisenden, die Post und die Waaren ab-
zuholen.

Das Dampfschiff hält hier acht Stunden an, und
man kann diese Zeit benützen, die Stadt zu besehen,

jedoch läuft man, da die Winde hier oft plötzlich um=
springen, Gefahr, auf das Schiff nicht mehr zurückzukom=
men. Ich verließ mich auf das gute Glück, das mich
stets auf meinen Reisen begleitet, und machte die Expe=
dition der Ausschiffung mit. — Aber schon auf halben
Wege dahin wurde meine Neugierde bestraft. Ein ab=
scheulich schwerer Regen fiel nieder und durchnäßte uns
gänzlich, noch ehe wir das Land erreicht hatten. Wir
flüchteten in das erste Kaffeehaus, das am Strande lag.
Der Regen verwandelte sich in einen tropischen, und es
ward uns zur Unmöglichkeit das Asyl zu verlassen. Als
das Unwetter nachgelassen hatte, hieß es: schnell wieder
zurückkehren, da man nicht wissen könnte, was noch nach=
käme.

Ein spekulativer Zuckerbäcker von Madras war mit
dem ersten Boote an unsern Dampfer gekommen und führte
Eis und Backwerk mit, die er mit großem Gewinne ab=
setzte.

Der erzürnte Himmel hatte Mitleid mit uns, klärte
sich noch vor Sonnenuntergang auf, und wir sahen längs
des Strandes in schöner Beleuchtung die palastartigen
Wohnungen der Europäer. Sie sind halb in griechischem
halb in italienischem Style aufgeführt, und liegen theils
in der Stadt, theils nahe an dem Meeresufer in prachtvollen
Gärten.

Bevor wir noch abfuhren, wagten sich mehrere Ein=
geborne in kleinen Booten herbei, um uns Früchte, Fische
und andere Kleinigkeiten zum Verkaufe anzubieten. Ihre
Fahrzeuge bestanden aus vier kleinen Baumstämmen, die
mit dünnen Stricken aus Kokosfasern leicht zusammen ge=

bunden waren. Ein langes Stück Holz diente als Ruder.
Die Wogen schlugen so hoch darüber, daß man jeden
Augenblick dachte, Boot und Menschen seien verloren.

Die guten Leute gingen beinahe im Naturzustande,
nur für ihre Köpfe trugen sie Sorge: die waren mit den
verschiedenartigsten Gegenständen, mit Lappen, Turbanen,
Tuch = oder Strohkäppchen, oder sehr hohen, ganz spitzen
Strohmützen bedeckt. Die Wohlhabenderen (die Boot=
führer, welche die Post und die Reisenden brachten) wa=
ren mitunter recht geschmackvoll gekleidet: sie hatten nied=
liche Jäckchen an und lange, große Tücher um den Körper
geschlagen; Jäckchen und Tücher waren von weißem Zeuge
und mit blauen Streifen eingefaßt. Auf dem Kopfe tru=
gen sie fest anschließende weiße Hauben, von welchen ein
Lappen bis an die Schulter reichte. Auch die Haube war
mit blauen Streifen besetzt.

Die Farbe der Eingebornen war sehr dunkel bronze
oder kaffeebraun.

Spät Abends kam noch eine Eingeborne mit zwei
Kindern an Bord; sie hatte für den zweiten Platz bezahlt,
und man wies ihr eine kleine, finstere Cabine unweit des
ersten Platzes an. Ihr jüngeres Kind war unglücklicher=
weise mit einem starken Husten belästiget, wodurch eine
reiche, vornehme Engländerin, die ebenfalls einen Jungen
bei sich hatte, im Schlafe gestört wurde. Die Dame
mochte bei der übertriebenen Zärtlichkeit, die sie für ihr
Söhnchen hegte, noch überdieß meinen, daß der Husten an=
steckend sein könnte. Ihr erstes Geschäft am folgenden Mor=
gen war daher, den Kommandanten zu bitten, die Mutter
sammt den Kindern auf's Deck zu weisen, was der hoch=

herzige, menschenfreundliche Mann auch sogleich that.
— Weder die Dame noch der Kommandant bekümmerten
sich darum, ob die arme Mutter auch eine warme Decke
für das kranke Kind bei sich habe, um es vor den kalten
Nächten und vor dem häufigen und starken Regen zu
schützen.

Wäre doch der Engländerin Kind krank geworden,
und sie selbst hinaus gestoßen worden in Nacht und Nebel,
damit auch sie erprobt hätte, wie solch eine Behandlung
thut! — Sollte man sich nicht beinahe schämen, einer
Menschenklasse anzugehören, die an Humanität und Her=
zensgüte von den sogenannten Wilden und Heiden weit
übertroffen wird? Kein Wilder hätte je eine Mutter
mit einem kranken Kinde verjagt; er würde im Ge=
gentheil noch Sorge für beide getragen haben. Nur
die christlich gebildeten Europäer nehmen sich das
Recht heraus, mit den farbigen Menschen nach Willkür
und Laune zu verfahren.

Am 1. und 2. November sahen wir von Zeit zu
Zeit das Festland oder kleine Inselchen, — alles flach
und sandig, ohne die geringste Naturschönheit. Zehn
bis zwölf Schiffe, darunter die größten Ostindien=Fah=
rer, segelten gleich uns dem reichen Calcutta zu.

Am 3. November Morgens hatte die See schon ihre
schöne Farbe verloren und jene des schmutzig gelblichen
Ganges angenommen. — Gegen Abend näherten wir
uns den Mündungen dieses Riesenstromes. Einige Meilen
vor der Einfahrt schmeckte das Wasser schon süß. Ich
füllte ein Glas aus des heiligen Ganges Fluthen und

leerte es auf das Wohl all meiner Lieben im Vater=
lande.

Um 5 Uhr Abends warfen wir zu **Kadscheri** (an
der Einfahrt des Ganges) Anker. Es war zu spät um
bis **Calcutta** (60 Seemeilen) zu segeln. Der Strom war
hier viele Meilen breit, so daß man nur auf einer Seite
den dunklen Saum des Ufers sah.

4. November. Des Morgens segelten wir in den
Hugly — so heißt eine der sieben Mündungen des Gan=
ges. Endlose, unübersehbare Ebenen erstreckten sich an
beiden Ufern dieses Stromes. Reißfelder wechselten mit
Zuckerpflanzungen, Palmen=, Bambus= und Laubbäume
standen dazwischen, die üppigste Vegetation zog sich bis
an des Ufers Gestade; nur Dörfer und Menschen fehlten.
Erst als wir nur mehr fünf und zwanzig Meilen von
Calcutta entfernt waren, tauchten hin und wieder ärmliche
Dörfer auf, und man sah halb nackte Menschen sich bewe=
gen. Die Hütten waren aus Lehm, Bambus oder Palm=
zweigen errichtet und mit Ziegeln, Reißstroh oder Palm=
blättern gedeckt. Merkwürdig und ganz verschieden von
jenen, die ich bei **Madras** sah, fand ich die größeren Fahr=
zeuge der Eingebornen. Das Vordertheil des Bootes
endigte beinahe flach, so daß es kaum einen halben Fuß
über das Wasser ragte, während das Hintertheil bei sieben
Fuß hoch war.

Das erste palastähnliche Gebäude, eine Kottonspin=
nerei, zeigte sich fünfzehn Meilen vor **Calcutta**, und ein
freundliches Wohnhaus schloß sich daran. Von da an
sah man an beiden Seiten des **Hugly** viele Paläste, die
alle in griechisch=italienischem Style gebaut und reichlich

mit Säulen, Hallen, Terrassen u. s. w. versehen waren.
Wir flogen leider zu schnell vorbei, um mehr als einen
Ueberblick erhaschen zu können.

Große und viele Schiffe zogen an uns vorüber oder
segelten uns zur Seite, mehrere Dampfer glitten auf und
nieder und führten Schiffe im Schlepptau, das Lebens-
gewühl, das Fremdartige nahm immer mehr zu, und es
war leicht zu errathen, daß wir uns einer asiatischen Weltstadt näherten.

Bei Gardenrich, vier Meilen vor Calcutta, legten
wir uns vor Anker.

Nichts fiel mir so schwer als eine Unterkunft in einem
Hafenorte zu finden, da es durch Zeichen und Deuten nicht
immer möglich war, den Eingebornen begreiflich zu machen,
wohin sie mich bringen sollten. Hier nahm sich einer der
Maschinisten unseres Schiffes meiner in so ferne an, daß
er mich an's Land brachte, daselbst für mich einen Palankin miethete und den Leuten den Ort bezeichnete, wohin sie mich zu bringen hatten.

Eine höchst unangenehme Empfindung bemächtigte sich
meiner, als ich das erste Mal Gebrauch von einem Trag-
Palankin machte. Es kam mir für die Menschen gar
zu entwürdigend vor, sie statt der Thiere zu benützen.

Die Palankine sind fünf Fuß lang, drei Fuß hoch,
haben Schubthüren und Jalusien und sind mit Matrazen
und Kissen versehen, so daß man darin wie in einem Bette
liegt. Vier Träger genügen für die Stadt, acht für weitere Ausflüge. Sie wechseln beständig mit einander ab,
und laufen so schnell, daß sie vier englische Meilen in einer
Stunde, ja sogar in drei Viertelstunden zurücklegen. —

Da diese Palankine alle von außen schwarz angestrichen sind, so kam es mir vor, als sähe ich lauter Sterbende in das Hospital, oder Todte auf den Friedhof tragen.

Auf dem Wege nach der Stadt fielen mir vor allem am Ufer des Hugly die herrlichen Säulenhallen (Gauths) auf, von welchen breite Treppen bis an den Fluß führen. An diesen Gauths liegen viele Boote, theils zum Ueber= fahren, theils zu Luftpartien.

Die herrlichsten Paläste lagen in großen Gärten, und bald lenkten auch meine Träger in einen nieblichen Garten und setzten mich unter einem schönen Portale ab. — Hier wohnte die Familie Heilgers, an die ich Empfehlungsbriefe hatte. Die liebenswürdige junge Frau begrüßte mich als Sprachverwandte (sie war aus Nord=, ich aus Süd=Deutsch= land), und nahm mich auf das Herzlichste auf. Ich ward hier mit indischem Luxus einquartiert, hatte einen Em= pfangssalon, ein Schlafgemach, ein Badezimmer und eine Garderobe.

Meine Ankunft zu Calcutta fiel in eine der ungün= stigsten Epochen, die je über diese Stadt gekommen waren. Drei unfruchtbare Jahre in beinahe ganz Europa hatten eine Handelskrisis zur Folge, die Calcutta zu Grunde zu richten drohte. Jede Nachricht aus Europa brachte Nach= richten bedeutender Fallimente, die hier den Ruin der reichsten Häuser nach sich zogen. Kein Kaufmann wagte mehr zu sagen: „Ich besitze etwas," — die nächste Post konnte ihn zum Bettler machen. Ein banges Gefühl, ein zitterndes Erwarten hatte jede Familie ergriffen. Auf dreißig Millionen Pfund Sterling berechnete man bereits die Verluste in England und hier, und noch immer fand das Unglück keine Grenzen.

Solche Unglücksfälle treffen viel schwerer gerade die Menschen, welche, so wie hier, an übermäßige Bequemlich= keit, an den höchsten Luxus gewöhnt sind. Bei uns macht man sich keinen Begriff von dem Haushalte eines Europäers in Indien. Jede Familie bewohnt für sich allein einen Pa= last, wofür den Monat zweihundert Rupien *) und auch noch mehr gezahlt wird. Außerdem beschäftigt sie 25 bis 30 Dienstleute, und zwar: zwei Köche, einen Schüsselwascher, zwei Wasserträger, vier Tischbediente, vier Zimmeraufräumer, einen Lampenpußer, ein halb Dußend Seis (Stallknechte). Man hält wenigstens sechs Pferde (jedes Pferd muß einen eigenen Wärter haben), ein paar Kutscher, zwei Gärtner, für jedes Kind eine Wärte= rin nebst einem Diener, eine Magd für die Frau, eine gemeine Magd, um die Wärterinnen zu bedienen, zwei Hausschneider, zwei Punkazieher und einen Thorwächter. Der Lohn steigt von 4 bis 11 Rupien den Monat. Die Leute erhalten keine Kost, und nur wenige schlafen im Hause. Kost und Wohnung ist im Lohne mit gerechnet; die meisten sind verheirathet und gehen zum Essen und Schlafen täglich nach Hause. — An Kleidung gibt man ihnen höchstens die Turbane und Leibgürtel, — das übrige müssen sie sich selbst anschaffen und auch selbst die Wäsche waschen lassen. Die Wäsche der Herrenleute wird troß der großen Dienerschaft nicht im Hause ge= waschen; man zahlt dafür, und zwar für 100 Stücke drei

---

*) Eine Rupie gleich 58 kr. C.M.

Rupien. Der Wäschewechsel ist außerordentlich: alles trägt sich weiß, und man wechselt gewöhnlich zweimal des Tages die ganzen Anzüge.

Die Lebensmittel sind nicht theuer, wohl aber die Anschaffung von Pferden, Wagen, Möbeln und Kleidungsstücken. Die drei letzten Artikel kommen aus Europa, die Pferde entweder auch aus Europa oder aus Neuholland oder aus Java.

Ich habe europäische Häuser besucht, in welchen man 60, auch 70 Diener und 15 bis 20 Pferde hielt.

Nach meiner Meinung sind an diesem kostspieligen Aufwande mit Dienern die Europäer wohl selbst Schuld. Sie sahen die Rajas und Reichen des Landes von großen Schwärmen müßiger Leute umgeben und wollten als Europäer darin nicht zurück bleiben. Nach und nach ward dies zur Sitte, und jetzt würde es sehr schwer sein, eine andere Einrichtung zu treffen.

Man sagte mir zwar auch, daß diese Einrichtung nicht anders sein könne, so lange die Hindus in Kasten getheilt seien. Der Hindu, welcher die Zimmer rein macht, würde um keinen Preis bei Tische bedienen, die Kinderwärterin dünkt sich viel zu vornehm, das Waschbecken des Kleinen mit eigenen Händen zu säubern. Es mag wohl allerdings viel wahres daran sein; aber jede Familie kann ja doch nicht 20, 30 und noch mehr Diener halten?! — Schon in China und Singapore fielen mir die vielen Diener auf, — hier kann man aber die doppelte und dreifache Zahl annehmen.

Die Hindus sind, wie bekannt, in vier Kasten eingetheilt: Braminen, Katris, Bhises oder Banians und

Soudras. — Sie entspringen alle aus dem Körper des Gottes Brama, und zwar die erste Kaste aus seinem Munde, die zweite aus den Schultern, die dritte aus dem Leibe und den Schenkeln, die vierte aus den Füßen. Aus der ersten Kaste werden die höchsten Beamten, die Priester und die Lehrer des Volkes gewählt. Sie allein dürfen die heiligen Bücher lesen und genießen die höchste Achtung, ja, wenn sie ein Verbrechen begehen, werden sie viel geringer bestraft als jene aus andern Kasten. Die zweite Kaste liefert die niedern Beamten und die Krieger, die dritte die Handelsleute, Handwerker und Bauern, die vierte endlich die Diener für die drei ersten Klassen. Jedoch dienen die Hindus aus allen Kasten, wenn sie Armuth dazu zwingt; nur scheiden sie sich im Dienste genau von einander, da den höheren Kasten nur die reinlicheren Dienstleistungen erlaubt sind.

Von einer Kaste in eine andere aufgenommen zu werden oder hinein zu heirathen, ist unmöglich. Wenn sich ein Hindu vom Vaterlande entfernt oder von einem Paria eine Nahrung annimmt, so wird er aus seiner Kaste gestoßen und so lange als unwürdig betrachtet, bis er sich mit großen Kosten wieder einkauft.

Außer diesen Kasten gibt es noch eine Volksabtheilung: die Parias. Diese sind die unglücklichsten Menschen, da sie von allen Kasten so tief verabscheut werden, daß kein Mensch mit ihnen die geringste Gemeinschaft macht. Wenn zufällig ein Hindu an einen Paria streift, so hält er sich für verunreinigt und muß sich alsogleich baden.

Die Parias dürfen keine Tempel besuchen, haben

ihre eigenen Wohnplätze u. s. w. Sie sind über alle Begriffe arm, wohnen in den erbärmlichsten Hütten, nähren sich von allem Unrath, ja sogar von gefallenem Vieh; auch gehen sie beinahe nackt oder höchstens mit einigen Lumpen bedeckt. Sie sind es auch, welche die schmutzigsten und härtesten Arbeiten verrichten.

Die vier Kasten zerfallen wieder in eine Menge Abtheilungen, von welchen 70 Fleisch genießen dürfen, 18 aber sich dessen gänzlich enthalten müssen. Eigentlich verbietet die Religion den Hindus das Blutvergießen und daher auch den Genuß des Fleisches; doch machen jene 70 Secten eine Ausnahme davon, auch werden bei einigen Religionsfesten Thiere geopfert. Eine Kuh aber darf durchaus nicht geschlachtet werden. — Die Hauptnahrung der Hindus besteht in Reis, Früchten, Fischen und Vegetabilien. Sie leben äußerst mäßig und halten täglich nur zwei einfache Mahlzeiten, die eine des Morgens, die andere des Abends. Ihr gewöhnliches Getränk ist Wasser oder Milch und zeitweise Cocoswein.

Die Hindus sind von mittlerer Größe, schlank und zart gebaut. Ihre Gesichtsbildung fand ich höchst angenehm und gutmüthig. Das Gesicht ist oval, die Nase erhaben und fein gezeichnet, die Lippe nicht wulstig, das Auge schön und sanft, das Haar glatt und schwarz. Die Hautfarbe ist verschieden, je nach der Gegend, — sie geht vom Dunkelbraun bis in das helle Lichtbraun, ja in den höhern Ständen findet man selbst ziemlich weiße Menschen, besonders unter dem weiblichen Geschlechte.

In Indien sind sehr viele Mohamedaner, in deren Händen, da sie sehr geschickt und thätig sind, ein großer

Theil des Handels und der Gewerbe sich befindet. Auch verdingen sie sich bei den Europäern gerne als Dienstleute.

Die Männer verrichten hier auch jene Arbeiten, die wir gewöhnt sind vom weiblichen Geschlechte gethan zu sehen. Sie sticken in weißer Wolle, in farbiger Seide und Gold, sie machen Damenkopfputz, waschen und glätten, bessern die Wäsche aus und lassen sich sogar statt der Wärterinnen bei kleinen Kindern gebrauchen. — Auch einige Chinesen leben hier, die meistens das Schusterhandwerk betreiben.

Calcutta, die Hauptstadt von Bengalen, liegt am Hugly, der hier so breit und tief ist, daß die größten Kriegsschiffe und Ostindienfahrer längs der Stadt vor Anker liegen können. Die Bevölkerung beträgt bei 600,000 Seelen, worunter, ohne das englische Militär, nur wenig mehr als 2000 Europäer und Amerikaner. Die Stadt ist in mehrere Theile getheilt: in die Geschäftsstadt, in die sogenannte schwarze Stadt und in das europäische Quartier. Die Geschäftsstadt und die „schwarze Stadt" sind häßlich, die Straßen enge und krumm und mit schlechten Häusern und erbärmlichen Hütten überfüllt, zwischen welchen Magazine, Geschäftslocale und mitunter auch einzelne Paläste liegen. Schmale, gemauerte Kanäle durchziehen alle Straßen, da die Hindus sehr viel Wasser gebrauchen, um ihre täglichen häufigen Waschungen vorzunehmen. — In der Geschäftsstadt und in der schwarzen Stadt ist alles von Menschen der Art überfüllt, daß, wenn eine Equipage durchfährt, die Diener vom Wagen steigen, vor demselben herlaufen und die Menschenmassen anrufen oder auseinander jagen müssen.

Schön ist dagegen das europäische Quartier oder Viertel, welches auch sehr häufig die „Stadt der Pa= läste" genannt wird, ein Name, der ihm zum Theile gebührt. Nur heißt hier, wie in Venedig, jedes ein wenig größere Haus: Palast. Die meisten dieser Paläste stehen in Gärten, die mit hohen Mauern umgeben sind, — selten reihen sie sich an einander; daher gibt es wenig imposante Plätze und Straßen.

An ausgezeichneter Bauart, an Kunst und Reich= thum kann, außer dem Palaste des Gouverneurs, wohl keiner mit den großen Palästen von Rom, Florenz und Venedig in die Schranken treten. Die meisten unter= scheiden sich blos durch einen hübschen Porticus, der auf gemauerten Säulen ruht, und durch terrassenförmige Dächer von gewöhnlichen Häusern.

Im Innern sind die Zimmer sehr groß und hoch, die Treppen von graulichtem Marmor oder wohl auch von Holz, das Stiegenhaus ist einfach. Von schönen Statuen oder Sculpturen in oder außer den Palästen ist nichts zu sehen.

Der Palast des Gouverneurs erscheint, wie gesagt, von außen als ein herrliches Gebäude, das der größten Weltstadt zur Zierde gereichen würde. Er ist in Form eines Hufeisens gebaut, in dessen Mitte sich eine schöne Kuppel erhebt; — der Porticus, wie auch die beiden Seitenflügel ruhen auf vielen Säulen. Die innere Ein= richtung ist so ungeschickt als möglich. So muß man z. B. von dem Tanz= in den Speisesaal eine Treppe höher steigen. In diesen beiden Sälen stehen auf den Seiten zwei Reihen von Säulen. Der Fußboden des letzteren ist mit Agra=Marmor getäfelt. Die Säulen und die Wände sind mit feinem, weißem Cement überkleidet, welcher an Glanz dem Marmor gleicht. Die Wohnzimmer lohnen nicht die Mühe, sie zu besehen; höchstens bieten sie Gelegenheit, den Eintheilungssinn des Baumeisters zu bewundern, der in dem großen Raume so wenig als möglich geschaffen hat.

Weitere sehenswerthe Bauten sind: die Townhall, das Hospital, das Museum, Ochterlony's Monument, das Münzgebäude, die englische Cathedrale u. s. w.

Die Townhall ist groß und schön; die Halle geht durch ein Stockwerk. Es stehen hier einige Monumente von weißem Marmor, die dem Andenken ausgezeichneter Männer neuerer Zeit gewidmet sind. In dieser Halle haben Zusammenkünfte aller Art statt, hier werden alle großen Geschäfte und Unternehmungen besprochen, Konzerte, Bälle und Festmahle abgehalten.

Das Hospital besteht aus mehreren kleinen von Wiesenplätzen eingeschlossenen Häusern. Das Ganze ist mit einer Mauer umgeben .Die Kranken sind der Art abgetheilt, daß die Männer in einem, die Weiber und Kinder in einem zweiten, und die Narren in einem dritten Häuschen wohnen. Die Säle fand ich groß, luftig und sehr rein gehalten. In dies Spital kommen nur Christen.

Das Hospital für die Eingebornen ist in derselben Art, nur bedeutend kleiner. Die Kranken werden unentgeltlich aufgenommen, und vielen werden auch außerhalb der Anstalt Arzneien gespendet.

Das Museum, erst im Jahre 1836 gegründet, ist für diese kurze Zeit ziemlich reichhaltig, besonders an vierfüßigen Thieren und Skeletten; nur der Insekten gibt es wenige, und von diesen sind die meisten beschädigt. In einem der Säle steht ein aus Elfenbein fleißig und schön gearbeitetes Modell des berühmten Tatsch in Agra; mehrere Skulpturen und Reliefs liegen umher. Die Figuren daran schienen mir sehr plump, die Architektur ist ungleich besser. — Das Museum ist täglich offen. — Ich ging mehrmals hin und fand zu meinem Erstaunen jederzeit mehrere Eingeborne, die alles recht emsig und genau betrachteten.

Ochterlony's Monument ist eine einfache, gemauerte Säule von 165 Fuß Höhe, die, wie ein Ausrufungszeichen, mitten auf einem leeren, großen Wiesenplatze steht. Sie ist dem Angedenken des Generals Ochterlony errichtet, der sich als Staatsmann und Krieger gleich rühmlich ausgezeichnet hat. Wer die Mühe des Ersteigens von 222 Stufen nicht scheut, wird durch eine weite Uebersicht über Stadt, Fluß und Umgebung erfreut; letztere ist jedoch sehr einförmig, da sie aus einer endlosen Ebene besteht, die nur vom Horizonte begrenzt wird.

Unweit der Säule steht eine gar niedliche Moschee, deren zahllose Thürmchen und Kuppeln mit metallenen, vergoldeten Kugeln geziert sind, die in der Sonne glänzen und flimmern wie die Sterne am Firmamente. — Ein netter Vorhof umgibt die Moschee. Wer sie betreten will, muß sich schon am Eingange des Hofes der Schuhe entledigen. Ich unterzog mich diesem Gesetze, fand aber meine Unterwürfigkeit nicht belohnt, denn ich sah nichts als einen kleinen, leeren Saal, deffen Decke auf einigen gemauerten Säulen ruhte. An der Decke und an den Wänden hingen Glaslampen, und der Boden war mit grauem Agra-Marmor getäfelt. Diefer Marmor ist in Calcutta fehr gewöhnlich, da er von Agra auf dem Ganges dahin gebracht wird.

Das Münzgebäude präfentirt fich fehr fchön. Es ist im reinen griechifchen Style gebaut, doch mit der Ausnahme, daß es nicht von allen vier Seiten von Säulen umgeben ist. — Die innere Einrichtung an Mafchinerieen foll ganz vorzüglich fein und felbst Europa der Art nichts ähnliches aufzuweifen haben. Ich kann darüber nicht urtheilen und bemerke nur, daß alles, was ich fah, mir höchst finnreich und vollkommen vorkam. Das Metall wird durch Hitze erweicht, durch Walzen in Platten verwandelt, die Platten werden in Streifen gefchnitten und geprägt. Die Säle, in welchen dies alles vor fich geht, find groß, hoch und luftig. Der Betrieb gefchieht meiftens mit Dampfmafchinen.

Unter den chriftlichen Kirchen zeichnet fich vor allen die englifche Kathedrale aus. Ihre Bauart ist gothifch, und der fchöne Hauptthurm überragt ein halbes Dutzend kleinerer Thürmchen. — Außer diefer Kirche gibt es noch einige andere, ebenfalls mit gothifchen Thürmen verfehene. Im Innern find die Kirchen alle fehr einfach, mit Ausnahme der armenifchen, in welcher die Wand des Altares mit goldberahmten Bildern überfüllt ist.

Das berüchtigte „fchwarze Loch“, in welches der Raja Suraja Dowla im Jahre 1756, als er Calcutta

eroberte, 150 der vornehmſten Gefangenen werfen und
da verhungern ließ, iſt jetzt in ein Magazin verwandelt.
Am Eingange ſteht ein 50 Fuß hoher Obelisk, auf wel=
chem die Namen der Unglücklichen verzeichnet ſind.

Der botaniſche Garten liegt fünf engliſche Meilen
von der Stadt entfernt. Er wurde im Jahre 1743 unter
Lord Kyd's Anleitung angelegt; gleicht aber mehr einem
natürlichen Parke, da er nur wenig Blumen und Pflan=
zen, aber deſto mehr Bäume und Strauchgewächſe enthält,
die in gefälliger Unordnung auf großen Wieſenplätzen ver=
theilt ſtehen. Ein niedliches Monument mit der mar=
mornen Büſte des Gründers, verewigt deſſen Andenken.
Das ſehenswertheſte in dieſem Garten ſind zwei Bananen=
Bäume. Sie gehören zum Geſchlechte der Feigenbäume,
und erreichen mitunter eine Höhe von 40 Fuß. Die
Früchte ſind ganz klein, rund und von dunkelrother
Farbe; ſie werden gebrannt und liefern Oel. Wenn der
Stamm ungefähr eine Höhe von funfzehn Fuß erreicht hat,
breiten ſich viele ſeiner Aeſte in horizontaler Richtung
nach allen Seiten aus, und an ihren untern Theilen
ſproſſen fadenähnliche Wurzeln oder Geflechte hervor, die
ſich ſenkrecht zur Erde neigen und bald feſt in dem Boden
wurzeln. Wenn ſie ſtark geworden ſind treiben ſie wie
der Hauptſtamm dieſelben Zweige. Und ſo geht es immer
fort; es iſt daher leicht zu begreifen, daß ein einziger
Urſtamm am Ende einen ganzen Hain bildet, in wel=
chem Tauſende von Menſchen kühlenden Schatten fin=
den. Den Hindus iſt dieſer Baum heilig. Sie ſetzen
dem Gotte Rama Altäre darunter, und der Bramine ver=
ſammelt hier ſeine Schüler zum Unterrichte.

Der älteste dieser beiden Bäume beschreibt bereits mit seiner Familie einen Umkreis von mehr denn 600 Fuß; der Hauptstamm mißt bei 50 Fuß im Umfange.

An den botanischen Garten schließt sich das Bi= schofs=Collegium an, in welchem die Eingebornen zu Missionären gebildet werden. Nach dem Palaste des Gou= verneurs ist dies das schönste Gebäude in Calcutta. Es besteht aus zwei Mittel= und drei Flügel=Gebäuden in gothischer Bauart. Eine überaus niedliche Kapelle nimmt eines der Mittelgebäude ein. Die Bibliothek, in einem imposanten Saale-aufgestellt, ist sehr reich an den besten Autoren; sie steht der wißbegierigen Jugend zu Gebote, deren Fleiß aber der großartigen Einrichtung nicht zu ent= sprechen scheint, denn als ich einen Folianten aus einem der Büchergestelle nahm, ließ ich ihn augenblicklich aus den Händen fallen und floh an das andere Ende des Saales — ein Schwarm von Bienen stürzte aus dem Büchergestelle auf mich ein.

Speisesäle, Wohnzimmer u. s. w. sind so reich und bequem eingerichtet, daß man meinen sollte, diese Anstalt sei für die Söhne der reichsten englischen Familien be= stimmt, die, an Comfort von zartester Jugend gewöhnt, denselben in alle Welttheile zu verpflanzen hätten, — aber nicht für „Arbeiter im Weingarten des Herrn.“

Ich betrachtete diese kostbare Anstalt mit betrübtem Herzen, um so mehr, da sie für Eingeborne errichtet war. Diese müssen hier erst ihre einfache Lebensweise abstreifen und sich in Ueberfluß und Bequemlichkeit hineinstudiren. Dann sollen sie hinaus in Wildnisse und Wälder, um unter Heiden und Barbaren ihr Lehramt zu beginnen.

Zu den Sehenswürdigkeiten Calcutta's gehört auch der Garten des Oberrichters, Herrn Lorenz Peel. Er ist für den Botaniker und den Laien gleich interessant und an seltenen Blumen, Pflanzen und Bäumen weit reicher als der botanische Garten. Der großartig und mit wissenschaftlichem Sinne angelegte Park, die üppigen Rasenplätze, von Blumen und Pflanzen durchwebt und umsäumt, die krystallklaren Teiche, die dunklen Laubgänge mit Boskelten und gigantischen Bäumen bilden ein wahrhaftes Paradies, in dessen Mitte der schöne Palast des beneidenswerthen Eigenthümers steht.

Diesem Parke gegenüber in dem großen Dorfe Alifaughur liegt ein gar bescheidenes Häuschen, aus welchem viel des Guten hervorgeht. Es wird von einem Eingebornen bewohnt, der die Arzneikunst studirt hat, und enthält eine kleine Apotheke. Arzt und Apotheke stehen den Dorfbewohnern unentgelblich zu Gebote. Diese schöne Stiftung rührt von Lady Julia Cameron, Gattin des gesetzgebenden Mitgliedes des Rathes von Indien, Charles Henry Cameron, her.

Ich hatte das Vergnügen, diese Dame kennen zu lernen und fand in ihr in jeder Hinsicht eine der ausgezeichnetsten ihres Geschlechtes. Wo es sich um gute Werke handelt, steht sie gewiß an der Spitze. In den Jahren 1846 und 1847 veranstaltete sie Sammlungen für die von der großen Hungersnoth hart heimgesuchten Irländer. Sie schrieb zu diesem Zwecke in die fernsten Provinzen Indiens, forderte jeden Engländer auf, sein Schärflein beizutragen und brachte die bedeutende Summe von 80,000 Rupien zusammen.

Auch im Felde der Wissenschaften leistet Lady Cameron Schönes. Unseres Bürger „Leonore“ fand an ihr
eine würdige Ueberseherin.

Außerdem ist sie die zärtlichste Gattin und Mutter,
lebt nur ihrer Familie, kümmert sich wenig um die
Außenwelt und wird deshalb von der großen Menge ein
Original genannt. Gäbe es doch nur viele solche Ori-
ginale! —

Ich hatte keinen Brief an diese liebenswürdige Dame;
sie hörte aber zufällig von meinen Reisen und suchte mich
auf. Ueberhaupt fand ich hier wahre Gastfreundschaft —
ich wurde in den besten Cirkeln mit Zuvorkommenheit
und Herzlichkeit empfangen, und jedermann bemühte sich,
mir gefällig zu sein. Unwillkürlich gedachte ich des öster-
reichischen Ministers in Rio de Janeiro, Grafen Reh-
berg, der schon meinte, mich sehr auszuzeichnen, daß er
mich zu einem einfachen Male in seine Villa lud. Diese
Ehre mußte ich entweder mit einem stundenlangen Gange
in der glühenden Sonnenhihe oder mit sechs Milreis
(sechs Gulden 42 kr. C. M.) für den Wagen erkaufen.
In Calcutta ließ man mich stets im Wagen abholen. Noch
viel könnte ich von diesem Herrn Grafen erzählen, dessen
Benehmen mir fühlen ließ, wie ungeschickt es von mir
sei, daß ich nicht einer reichen, aristokratischen Familie entstammte. Anders war der Minister, Herr Cameron, anders der Justizminister, Herr Peel, — diese
ehrten mich meiner selbst willen, ohne sich um meine Ahnen zu kümmern.

Bei Herrn Peel war während meiner Anwesenheit
zu Calcutta ein großes Fest zur Feier seines Geburts-

tages. Auch ich erhielt eine Einladung, die ich des Putzes wegen nicht annehmen wollte. Man ließ diese Entschuldigung aber nicht gelten, und so kam ich mit Lady Cameron im schlichten, farbigen Musselinkleide in eine Gesellschaft, in der alle Damen in Atlas und Sammt gekleidet, mit Spitzen und Schmuck überladen waren. Doch schämte sich niemand meiner; im Gegentheile, alle sprachen mit mir und erwiesen mir jede mögliche Ehre.

Eine höchst interessante Spazierfahrt für den Fremden ist die am „Strand", auch „Maytown" genannt. Diese Straße wird auf einer Seite von den Ufern des Hugly, auf der andern von schönen Wiesenplätzen begrenzt, an deren entgegengesetztem Ende die großartige Straße Chaudrini liegt. In dieser reihen sich Paläste an Paläste; sie wird als der schönste Theil Calcuttas betrachtet. Außerdem hat man die Ansicht des Palastes des Gouverneurs, der Cathedrale, des Ochterlony Monumentes, der schönen Wasserbehälter auf den Wiesenplätzen, des Fort William, das ein prachtvolles Fünfeck bildet und bedeutende Außenwerke hat, u. s. w.

Alle Abende vor Sonnenuntergang strömt die schöne Welt Calcutta's hieher. Der gelbstolze Europäer, der aufgeblasene Baboo (Nabob), der entthronte Raja fahren in schönen europäischen Wagen *), gefolgt von vielen Dienern in orientalischer Tracht, die theils hinter dem Wagen stehen, theils neben demselben laufen. Die Raja's und Baboo's sind in Gold gestickte Seidenkleider gehüllt,

---

*) Der Zudrang war oft so stark, daß fünf Reihen von Wagen neben einander auf und abfuhren.

über welche sie die kostbarsten indischen Shawls werfen. Auf den Wiesen galoppiren Damen und Herren auf englischen Rennern, und daneben ziehen Schaaren von Eingebornen, die unter Lachen und Scherzen von der Arbeit heimkehren. Auch auf dem Hugly herrscht reges Leben; die größten Ostindienfahrer liegen vor Anker, werden ausgeladen oder klar gemacht, und viele Boote fahren fortwährend hin und her.

Man hatte mir gesagt, daß das Volk hier sehr an der Elephantiasis leide, und daß man vielen solchen Unglücklichen mit schrecklich angeschwollenen Füßen begegne. Dem ist aber nicht so. Ich sah hier in fünf Wochen nicht so viele als an einem Tage in Rio de Janeiro.

Einst besuchte ich einen reichen Baboo. Man schätzte das Vermögen der Familie, die aus drei Brüdern bestand, auf 150,000 Pf. Sterl. Der Hausherr empfing mich an dem Thore und geleitete mich in das Empfangszimmer. Er war in ein großes Stück weißen Musselins gehüllt, worüber er einen prächtigen indischen Shawl geworfen hatte, der dem durchsichtigen Musselin zu Hülfe kam und den Körper von den Hüften bis an die Füße anständig deckte. Einen Theil des Shawls hatte er recht malerisch über eine der Schultern drapirt.

Der Empfangsaal war nach europäischer Weise eingerichtet. Eine große Spielorgel stand in einer der Ecken, in einer andern ein großer Bücherschrank mit den Werken der vorzüglichsten englischen Dichter und Philosophen. Es schien mir jedoch, daß all diese Bücher mehr zur Schau als zum Gebrauche dienten, denn bei Byron's Werken war ein Theil nach oben, der andere nach unten

gekehrt, und Young's Nachtgedanken stacken dazwischen.
Einige Kupferstiche und Gemälde, die nach des guten
Baboo Meinung, die Wände zieren sollten, waren weni=
ger werth als die sie umgebenden Rahmen.

Der reiche Mann ließ seine beiden Söhne kommen
— hübsche Jungen von sieben und vier Jahren, die er
mir vorstellte. Ich frug, obwohl der Sitte ganz entge=
gen, nach seiner Frau und seinen Töchtern. Unser armes
Geschlecht steht in der Meinung der Hindus so tief, daß
eine Frage nach ihm schon einer halben Beleidigung
gleicht. Er nahm es jedoch mit mir Europäerin nicht so
strenge und ließ sogleich seine Mädchen kommen. Das
jüngste, ein allerliebstes Kindchen von sechs Monaten,
war ziemlich weiß und hatte große, schöne Augen, deren
Feuer durch die schwarzblauen, feinen Ränder, die um
jene gemalt waren, sehr gesteigert wurde. Die älteste
Tochter (9 Jahre alt) hatte ein etwas gemeines, plumpes
Gesicht. Der Vater *) stellte sie mir als Braut vor
und lud mich zur Hochzeit ein, die in sechs Wochen statt
haben sollte. Ich war über diese zeitliche Heirath so
sehr erstaunt, daß ich sagte, er werde wohl Verlobung
und nicht Hochzeit meinen; er versicherte mir aber,
daß das Mädchen dem Manne vermählt und ihm über=
geben werde.

Als ich frug, ob das Mädchen den Bräutigam auch
liebe, erfuhr ich, daß beide sich zum ersten Male bei der
Hochzeit zu sehen bekämen. Der Baboo erzählte mir
weiter, daß sich bei seinem Volke jeder Vater so zeitlich

---

*) Der Mann sprach ziemlich verständlich die englische Sprache.

als möglich um einen Schwiegersohn umsehe, da jedes Mädchen heirathen müsse, und zwar je jünger desto ehren= voller, — eine unverheirathete Tochter wäre des Vaters Schande, und man würde ihn für lieblos halten. Hat er einen Schwiegersohn gefunden, so beschreibt er seiner Frau dessen geistige und körperliche Beschaffenheit, die Vermögensumstände u. s. w. Sie muß sich mit dieser Beschreibung begnügen, denn sie bekömmt ihren Schwie= gersohn weder als Bräutigam noch als Gemahl ihrer Tochter zu sehen. Er wird nie als zur Familie der Braut gehörend betrachtet, sondern die junge Frau geht in jene des Mannes über. Die männlichen Verwandten ihres Gemahls zu sehen und mit ihnen zu sprechen, ist ihr nicht verwehrt, eben so darf sie vor der männlichen Die= nerschaft im Hause unverschleiert erscheinen; will sie aber ihre Mutter besuchen, so muß sie sich in einem fest ver= schlossenen Palankine dahin tragen lassen.

Ich sah auch des Baboo Frau und eine seiner Schwägerinnen. Erstere war 25 Jahre alt und sehr wohl beleibt, letztere zählte 15 Jahre und hatte eine schlanke, liebliche Gestalt. Die Ursache hievon ward mir alsbald erklärt. Die Mädchen, obwohl so jung verheirathet, wer= den selten vor dem 14ten Jahre Mütter und bis dahin be= halten sie gewöhnlich ihre schlanke Gestalt. Nach der ersten Geburt bringen sie sechs oder acht Wochen in ihrem Zimmer wie eingeschlossen zu, machen keine Bewegung und essen reichlich von den leckersten Speisen und Nasch= werken. Diese Mästung schlägt gewöhnlich gut an. Man muß wissen, daß die Hindus wie die Mohamedaner

nur Geschmack an korpulenten Damen finden. — Unter
dem gemeinen Volke sah ich keine derartige Schönheit.

Die beiden Frauen waren eben nicht sehr decent gekleidet. Große Stücke Musselin von blauer und weißer
Farbe, mit Gold gestickt und mit handbreiten Goldtressen
besetzt, hüllten den Körper sammt dem Kopfe ein. Allein
dies zarte Gewebe *) war zu ätherisch und man konnte
alle Umrisse des Körpers darunter sehen. Auch fiel der
Musselin, wenn sie einen Arm bewegten, so weit auseinander, daß nicht nur der Arm, sondern auch ein Theil der
Brust und des Körpers entblößt wurde. Mehr Sorge
trugen sie für die Bedeckung des Haares; ihr erstes Be-
streben war, stets den Musselin wieder über den Kopf zu
ziehen. So lange sie Mädchen sind, dürfen sie ohne Kopfbedeckung gehen.

Sie waren mit Gold, Perlen und Edelsteinen
so reich überladen, daß sie wahrlich wie Lastthiere zu
tragen hatten. Große Perlen, gemischt mit durchbohrten
Edelsteinen, deckten Hals und Brust, dazwischen hingen
schwere Goldketten und eingefaßte Goldmünzen. Die Ohren, ganz durchstochen, (ich zählte an einer Ohrkante und
dem Ohrläppchen 12 Löcher) waren von ähnlichem
Schmucke so sehr bedeckt, daß man sie selbst gar nicht
herausfinden konnte, — man sah nur Gold, Perlen und
Edelsteine. An jedem Arme waren acht bis zehn kostbare,
schwere Armbänder angebracht, darunter das Hauptstück
vier Zoll breit, von massivem Golde mit 6 Reihen kleiner

---

*) Der feinste und kostbarste Musselin wird in der Provinz
Dacca erzeugt; die Elle kostet 2 auch 2½ Rupien.

Brillanten. Man gab es mir in die Hand — es wog gewiß ein halbes Pfund. Um die Lenden hatten sie schwere Goldketten dreimal geschlungen. Auch die Knöchel der Füße waren mit Goldspangen und Ketten umfaßt, die Füße selbst mit Henne rothbraun gefärbt.

Die Frauen brachten ihre Schmuckkästchen herbei und zeigten mir noch viel andere Kostbarkeiten. Der Hindu muß in Schmuck, in Gold= und Silbergesticktem Daccaer Musselin viel verschwenden, da jede reiche Frau die andere darin überbieten will.

Die beiden Frauen waren im höchsten Staate; sie hatten meinen Besuch erwartet und wollten sich mir in voller indischer Pracht zeigen.

Der Baboo führte mich auch in die innern Gemächer, deren Fenster nach dem Hofe zu lagen. Einige Zimmer waren nur mit Teppichen und Polstern belegt, da der Hindu im allgemeinen Stühle und Betten nicht liebt; in andern standen einige europäische Möbel, als: Tische, Stühle, Schränke, sogar Bettstellen. Mit besonderer Freude wurde mir ein Gläserkasten gezeigt, der Puppen, Wagen, Pferdchen und anderes Spielwerk enthielt, an welchem sich die Kinder und Frauen gar sehr erlustigten; letztere jedoch spielen noch leidenschaftlicher mit Karten.

In die Zimmer, deren Fenster nach der Straße gehen, darf keine Frau treten, denn sie könnte aus den gegenüberliegenden Fenstern von einem Manne erblickt werden. Die jugendliche Braut benützte noch ihre Frei= heit: sie hüpfte schnell vor uns hinein ans offne Fenster, um einen Blick auf die belebten Straßen zu werfen.

Die Weiber der reichen Hindus oder der höhern

Kasten sind eben so sehr an ihre Wohnungen gefesselt wie die Chinesinnen. Das einzige Vergnügen, das der strenge Gemahl seiner Gattin von Zeit zu Zeit erlaubt, ist, daß sie sich in einem dicht verschlossenen Palankin zu einer Freundin oder Verwandten begeben darf. Nur während der kurzen Mädchenzeit haben sie ein wenig mehr Freiheit.

Ein Hindu kann mehrere Frauen nehmen; doch sollen davon nur wenige Beispiele vorkommen.

Die Verwandten des Mannes wohnen wo möglich in demselben Hause; jede Familie führt jedoch ihren eigenen Haushalt. Die größeren Knaben dürfen mit den Vätern speisen; den Weibern, Töchtern und kleineren Kindern ist es verboten, bei der Mahlzeit der Männer gegenwärtig zu sein.

Beide Geschlechter lieben das Tabakrauchen sehr. Das Gefäß, woraus sie rauchen, ist eine Wasserpfeife und heißt Huka.

Zu Ende des Besuches wartete man mir mit vielen Süßigkeiten, Früchten, Rosinen u. dgl. auf. Die Süßigkeiten bestanden meist aus Zucker, Mandeln und Fett, schmeckten aber nicht sehr gut, da das Fett zu sehr die Oberhand hatte.

Bevor ich das Haus verließ, besah ich noch im untern Geschosse den Saal, in welchem jährlich einmal der häusliche Gottesdienst, Natsch genannt, abgehalten wird. Dieses Fest, das größte der Hindus, fällt zu Anfang des Monats Oktober und währt 14 Tage. Während dieser Zeit verrichtet der reichste wie der ärmste kein Geschäft, keine Arbeit. Der Herr schließt seine Buden und Magazine, der Diener schafft Stellvertreter, die er gewöhnlich

unter den Mohamedanern findet, und Herr und Diener
bringen ihre Zeit, wenn auch nicht immer mit Faſten
und Beten, ſo doch gewiß mit Nichtsthun dahin.

Der Baboo erzählte mir, daß zu dieſem Feſte ſein
Saal reich ausgeſchmückt und die zehnarmige Göttin **Durga**
darin aufgeſtellt werde. Sie iſt aus Thon oder Holz geformt, mit den grellſten Farben bemalt, mit Gold oder
Silberflitter, mit Blumen und Bändern, ja oft gar mit
ächtem Schmucke überladen. Im Saale, im Hofe, an
der Außenſeite des Hauſes flimmern zwiſchen Vaſen und
Blumenguirlanden Hunderte von Lichtern und Lampen.
Viele Thiere werden als Opfer dargebracht, jedoch nicht
im Angeſichte der Göttin, ſondern in irgend einem Winkel
des Hauſes getödtet. Prieſter warten der Göttin auf, und
Tänzerinnen entfalten vor ihr unter ſchallender Muſik
(Tam-tam) ihre Kunſt. Prieſter und Tänzerinnen wer-
den ſehr hoch bezahlt. Der letzteren gibt es, wie in
Europa Elsler's und Taglioni's, die gleich dieſen große
Summen verdienen. Zur Zeit meiner Anweſenheit be-
fand ſich hier eine perſiſche Tänzerin, die keinen Abend
für weniger als 500 Rupien auftrat. — Schwärme von
Beſuchern, worunter auch viele Europäer, wandern von
Tempel zu Tempel. Die vornehmeren Gäſte werden mit
Süßigkeiten und Früchten bedient.

Am letzten Tage des Feſtes wird die Göttin unter
Muſik im größtem Pompe nach dem **Hugly** getragen, auf
ein Boot geſetzt, in die Mitte des Stromes gefahren und
unter Jubel und Geſchrei des am Ufer ſtehenden entzück-
ten Volkes in den Fluß geſtürzt. In früheren Zeiten
wurde der ächte Schmuck mit der Göttin den Fluthen

übergeben, jedoch Nachts von den Priestern wieder sorg-
fältig herausgesucht; jetzt ersetzt man am letzten Tage des
Festes den echten Schmuck durch einen falschen, oder der
Festgeber bringt ihn während der Ueberfahrt bei Seite.
Er muß dies aber mit vieler Vorsicht thun, um von dem
Volke nicht bemerkt zu werden.

Ein solcher Natsch kömmt oft auf viele tausend
Rupien zu stehen und ist eine der bedeutendsten Ausgaben
der Reichen und Vornehmen.

Die Hochzeiten sollen ebenfalls große Summen
kosten. Die Braminen (Priester) machen Beobachtungen
in den Sternen, nach welchen sie den glücklichsten Tag,
ja sogar die Stunde berechnen, in welcher die Feier abgehalten werden soll. Gewöhnlich wird die Hochzeit noch
im letzten Augenblicke um einige Stunden verschoben, da
der Priester abermals gerechnet und eine noch glücklichere
Stunde herausgefunden hat. Natürlich muß eine solche
Entdeckung neuerdings mit Gold aufgewogen werden.

Feste zu Ehren der vierarmigen Göttin Kally finden
mehrmals im Jahre statt, und zwar besonders in dem
Dorfe Kallighat, nahe bei Calcutta.

Während meiner Anwesenheit gab es zwei solcher
Feste. Da sah man beinahe vor jeder Hütte eine Menge
kleiner Götzenbilder, die aus Thon geformt, bunt bemalt
waren und die schrecklichsten Gestalten vorstellten. Sie
waren zum Verkaufe bestimmt. — Die Göttin Kally, in
Lebensgröße, streckte die Zunge so weit als möglich aus
dem weit geöffneten Rachen; sie stand entweder vor oder
in den Hütten und war mit Blumenkränzen reich behangen.

Der Kallytempel ist ein erbärmliches Gebäude oder besser gesagt: ein finsteres Loch, auf dessen kuppelartigem Dächlein einige Thürmchen angebracht sind. Die hier befindliche Statue zeichnete sich besonders durch einen ungeheuren Kopf und eine fürchterlich lange Zunge aus. Ihr Gesicht war hochroth, gelb und himmelblau angestrichen. — Ich durfte dies Götterloch nicht betreten, weil ich zum Frauengeschlechte gehörte, welches nicht für würdig geachtet wird, ein so großes Heiligthum wie Kally's Tempel zu besuchen. Ich sah mit den Weibern der Hindus bei der Thüre hinein, womit ich mich vollkommen begnügte.

Schauerliche und ergreifende Bilder gewähren die Sterbehäuser und Verbrennungsorte der Hindus. Jene, welche ich sah, liegen an dem Ufer des Hugly, nahe der Stadt, — ihnen gegenüber ist der Holzmarkt. Das Sterbehaus war klein und enthielt blos ein Gemach mit vier nackten Bettstellen. Die Sterbenden werden von ihren Verwandten hieher gebracht und entweder auf eine der Bettstellen, oder wenn diese besetzt sind, auf den Boden, ja im Nothfalle selbst vor das Häuschen in die glühende Sonnenhitze gelegt. Ich fand fünf Sterbende in dem Häuschen und zwei außer demselben. Letztere waren ganz in Stroh- und Wolldecken gehüllt und ich dachte sie seien schon todt; als ich mich aber darnach erkundigte, schlug man die Decken auf, und ich sah die Armen sich noch bewegen. Ich glaube, daß sie unter den Decken halb ersticken müssen. Im Häuschen lag ein steinaltes Mütterchen auf dem Boden, das schwer der letzten Stunde entgegen röchelte. Die vier Bettstellen waren

ebenfalls beſetzt. — Ich bemerkte nicht, daß Mund und
Naſe der Sterbenden mit Gangesſchlamm angeſtopft wa=
ren; dies mag vielleicht in andern Gegenden Sitte ſein.
Die Verwandten ſaßen um die Sterbenden herum und
erwarteten ſtill und ruhig deren letzte Athenzüge. Auf
meine Frage, ob ihnen nichts gereicht werde, antwortete
man mir, daß man ihnen, wenn ſie nicht gleich ſterben,
von Zeit zu Zeit einen Schluck Gangeswaſſer gebe, aber
immer weniger und in größeren Zwiſchenräumen, da ſie,
einmal hieher gebracht, ſchlechterdings ſterben müßten.

Nach dem Tode, oft wenn ſie kaum erkaltet ſind,
trägt man ſie nach dem Verbrennungsorte, der von der
Fahrſtraße durch eine Mauer geſchieden iſt.

Dort ſah ich einen Todten und einen Sterbenden
liegen, und auf ſechs Scheiterhaufen ſechs Leichen, die
von hochauflodernden Flammen verzehrt wurden. Vögel,
größer als Truthühner, hier Philoſophen *) genannt, kleine
Geier und Raben ſaßen in großer Menge um die Schei=
terhaufen herum, auf nahen Dächern und Bäumen und
harrten begierig der halbverbrannten Leichen. Mich
ſchauerte, — ich eilte fort und konnte lange nicht den Ein=
druck dieſes Bildes aus meinem Gedächtniſſe bringen.

Bei Reichen koſten dieſe Verbrennungen oft über
1000 Rupien, da die theuerſten Holzgattungen als San=
del=, Roſenholz u. a. dazu verwendet werden. Außer=
dem hat man zu den Ceremonien einen Braminen, Kla=
geweiber und Muſik nöthig.

Die Gebeine werden nach der Verbrennung geſam=

---

*) Hurgila, eine Art Storch, frißt Leichen und iſt an Indiens
   Flüſſen häufig zu ſehen.

melt, in eine Vase gelegt und entweder vergraben oder
in den Ganges oder sonst einem heiligen Fluß gesenkt. —
Der nächste Verwandte muß den Scheiterhaufen anzünden.

Bei armen Leuten fällt natürlich dies alles weg.
Sie verbrennen ihre Todten ganz einfach auf Holz oder
Kuhdung, und sind sie so arm, daß sie kein Brennmate-
rial kaufen können, so befestigen sie an der Leiche einen
Stein und werfen sie in den Fluß.

Ich will hier eine kleine Anekdote beifügen, die ich
aus dem Munde eines sehr glaubwürdigen Mannes vernahm. Sie mag als Beweis dienen, zu welchen Grausam-
keiten oft irrige Religionsbegriffe führen.

Herr N. befand sich einst auf einer Reise unfern des
Ganges und hatte nebst einigen Dienern einen Hund bei
sich. Plötzlich war dieser verschwunden und kein Rufen
konnte ihn herbei locken. Man fand ihn endlich am Ufer
des Ganges an der Seite eines menschlichen Körpers, den
er beständig leckte. Herr N. ging hinzu und fand einen
zum Sterben ausgesetzten Mann, in welchem noch einige
Lebensspur glomm. Er rief seine Leute herbei, ließ dem
Armen den Schlamm und Schmutz vom Gesichte waschen,
ihn in eine wollene Decke schlagen und pflegen. Nach
wenig Tagen war er vollkommen hergestellt. Als ihn
nun aber Herr N. entlassen wollte, bat der Mann flehent-
lich, dies nicht zu thun, da er seine Kaste verloren habe,
von keinem seiner Verwandten mehr anerkannt würde, mit
einem Worte, aus dem Leben gestrichen sei. — Herr N.
behielt ihn in seinen Diensten und der Mann befindet sich
noch in bester Gesundheit, obwohl sich diese Geschichte
schon vor mehreren Jahren zugetragen hat.

Die Hindus selbst bekennen, daß durch die Art und

Weiſe, wie ſie mit den Sterbenden verfahren, mancher
Mord ſtattfindet; allein ihre Religion ſagt, wenn der
Arzt erklärt habe, daß keine Hülfe mehr ſei, ſo müſſe der
Kranke ſterben.

Von den Sitten und Gebräuchen der Hindus lernte
ich in Calcutta, außer den bereits beſchriebenen, keine
weiteren kennen; wohl aber ſah ich einiges von den ma-
homedaniſchen Hochzeiten. Am Tage der Hochzeit wird
das ſchön geſchmückte Brautbett unter Sang und Klang
nach der Wohnung des Bräutigams geſchafft. Spät des
Abends kömmt die Braut in einem feſtverſchloſſenen Palankine unter Muſik und Fackelſchein und großer Begleit-
tung ebenfalls dahin. Viele der Verwandten tragen ganze
Pyramiden von Lichtern, und auch das wunderſchöne,
hellblaue Feuer, bei uns unter dem Namen des „Benga-
liſchen" bekannt, darf dabei nicht fehlen.

Bei der Ankunft am Hauſe des Bräutigams wird nur
dem Brautpaar der Eintritt geſtattet; die Begleitung
bleibt vor dem Hauſe und muſizirt, ſchreit und ſingt oft
bis zum hellen Morgen.

Häufig hörte ich die Europäer ſagen, daß ſie den
Zug mit dem Brautbette höchſt unanſtändig fänden.
Aber wie das Sprichwort ſagt: „Der Menſch ſieht den
Splitter im Auge des Nächſten, während er den Balken
im eigenen nicht gewahrt," — ſo fand ich gerade, daß
die Ehen unter den hier lebenden Europäern auf weit un-
anſtändigere Weiſe geſchloſſen werden. Bei den Engländern darf am Tage der Vermählung, die gegen Abend
ſtatt hat, der Bräutigam die Braut erſt am Altare
ſehen, — ein Verſtoß dagegen wäre fürchterlich. — Im

Falle daß sich das Brautpaar noch etwas zu sagen hätte, muß es zur Feder seine Zuflucht nehmen. Kaum aber ist der priesterliche Segen ausgesprochen, so werden die Neuvermählten in einen Wagen gepackt und auf acht Tage in irgend einen Gasthof in der Nähe der Stadt geschickt. Hierzu sind gewöhnlich entweder der Gasthof zu Barrakpore oder einige Häuser zu Gardenrich ausersehen. Im Falle daß alle Plätze vergeben wären, was sich nicht selten ereignet, da beinahe alle Hochzeiten in den Monaten November und December geschlossen werden, miethet man Boote mit einem oder zwei Cabinchen, und die jungen Eheleute sind verurtheilt, die ersten acht Tage ganz abgesperrt von den Ihrigen zu verbringen. Selbst den Aeltern ist der Zutritt zu ihren Kindern untersagt.

Ich glaube, daß das Zartgefühl eines Mädchens unter diesen groben Sitten unendlich leiden muß. Wie mag das arme Geschöpf erröthen, wenn es die Orte betritt, die zu diesen Einsperrungen bestimmt sind, und wie mag jeder Blick, jede lächelnde Miene der Wirthsleute, Aufwärter oder Bootführer es verwunden.

Die guten Deutschen, die leider alles schön finden, was nicht von ihnen ausgeht, ahmen diese Sitte höchst gewissenhaft nach.

Benares.

Am 10. December, nach einem Aufenthalte von mehr denn fünf Wochen, verließ ich Calcutta, um nach Benares zu gehen. Die Reise dahin kann man entweder zu Land, oder zu Wasser auf dem Ganges machen. Zu Land beträgt die Entfernung 470 engl. Meilen, zu Wasser in der Regenzeit 685, in der trockenen Jahreszeit aber 400 Meilen mehr, da man ungeheure Umwege machen muß, um vom Hugly durch die Sunderbunds in den Hauptstrom zu gelangen.

Die Reise zu Land macht man in Postpalankinen, von Menschen getragen, die gleich den Pferden alle vier bis sechs Meilen abgelöst werden. Man reist Tag und Nacht, und auf jeder Station sind die Menschen schon

bereit, da ein Lauf- oder Meldzettel den Reisenden ein
bis zwei Tage in vorhinein ankündiget. Bei Nacht gesellt
sich noch ein Fackelträger zum Zuge, um durch die Helle
der Flamme die wilden Thiere zu verscheuchen. Die Reise-
spesen betragen für eine Person ungefähr 200 Rupien.
Für das Gepäck wird besonders bezahlt.

Die Reise zu Wasser kann man in Dampfbooten
machen, deren beinah jede Woche eines bis Allahabad
(115 Meilen über Benares) geht. Die Fahrt währt
vierzehn bis zwanzig Tage; man kann nämlich, der vielen
Sandbänke halber, nur bei Tage weiter kommen, und hat
dessen ohngeachtet häufig das Unglück aufzufahren, besonders bei niederem Wasserstande. Die Preise bis
Benares betragen für den ersten Platz 257 Rup., für
den zweiten 216 Rup. Die Kost ohne Getränke wird
mit drei Rup. täglich vergütet.

Da ich von des Ganges schönen Ufern, von den bedeutenden Städten an demselben so viel gehört hatte,
wählte ich die Wasserfahrt.

Am 8. Dec. sollte, der Ankündigung gemäß, das
Dampfboot „General Macleod," 140 Pferdekraft, unter
Kapitän Kellar abgehen. An Bord angelangt erhielt
ich die erfreuliche Nachricht einer vierundzwanzigstündigen
Verzögerung, die dann noch um vierundzwanzig Stunden
verlängert wurde, so daß wir erst am 10ten um eilf Uhr
Morgens fortkamen. Die Reise ging den Strom abwärts
in die See bis Kutscherie. Am folgenden Tage lenkten wir
bei Mudpointe in die Sunderkunts ein, in welchen Ge-
wässern wir uns bis Culna umhertrieben. Von da

benützten wir den Gurie, einen bedeutenden Nebenfluß
des Ganges, der unterhalb Rumpurbolea in den Hauptstrom mündet. Die ersten Tage der Reise waren höchst
einförmig: man sah weder Städte noch Dörfer, die Ufer
blieben ewig flach, und die Gegend war weit und breit
mit hohem, dichtem Gebüsch überdeckt, das die Engländer Jungles (Dschungels) das ist: „Urwald" nennen.
Ich konnte da keinen Urwald sehen, denn ich verstehe
unter dieser Benennung einen Wald von mächtigen
Bäumen. Des Nachts hörten wir mitunter einige Tiger
brüllen, die in diesen Gegenden ziemlich heimisch sind
und sich manchmal sogar über einzelne Eingeborne wagen,
wenn sich selbe Abends mit Holzauflesen verspäten. Man
wies uns an einem Gesträuche den aufgesteckten Lappen
eines Kleides, der zur Erinnerung dienen soll, daß an
dieser Stelle ein Eingeborner von einem solchen Thiere
zerrissen wurde. Aber nicht nur diese Thiere allein sind
des Menschen Feinde, auch der Ganges enthält deren
höchst gefährliche — die gefräßigen Crocodile. Zu sechs
bis acht sieht man sie häufig sich sonnen am sandigen,
schlammigen Ufer oder auf Sandbänken. Sie haben eine
Länge von sechs bis fünfzehn Fuß. Bei Annäherung
unseres lärmenden Dampfers glitten sie eilig in die
schmutzig gelben Fluthen des Stromes.

Die Canäle in den Sunderbunds und im Gurie sind
oft so schmal, daß man kaum einem Schiffe auszuweichen
vermag, und oft breiten sie sich wieder zu meilenweiten
Becken aus. Trotzdem, daß wegen der Sandbänke und
Untiefen nur bei Tage gefahren wird, sind größere oder

geringere Unglücksfälle nicht selten. Auch wir blieben nicht ganz verschont. In einem der engen Canäle mußte unser Schiff angehalten werden, um ein anderes vorüber=segeln zu lassen. Bei dieser Gelegenheit stieß eines der beiden Schiffe, die wir im Schlepptau führten, so ge=waltig an unsern Dampfer, daß die Wand einer Cabine eingedrückt wurde, — glücklicherweise ward Niemand dabei beschädiget.

In einem andern Canale lagen zwei Schiffe von Eingebornen vor Anker. Die Leute gewahrten uns etwas spät und waren mit der Hebung des Ankers noch nicht zu Stande gekommen, als wir schon daher brausten. Der Kapitän ließ nicht anhalten, da er noch vorbei zu kommen gedachte, lenkte aber zu sehr ab und fuhr dermaßen in das Gesträuch, daß einige der hölzernen Jalusien der Cabinenfenster als Trophäen daran hängen blieben. Ueber diesen Unfall entrüstet, sandte er in Eile ein Boot zurück und ließ den Armen die Anker kappen*). Diese That war doch wieder eines Europäers würdig! —

Bei Culna (308 Meilen von der See) fuhren wir in den bedeutenden Nebenfluß des Ganges: Gurie, der unterhalb Rumpurbolea in den Ganges mündet. Hier treten die Jungles zurück, und schöne Reis=, Reps= und andere Pflanzungen nehmen ihre Stelle ein. An Dörfern war kein Mangel; nur waren die Hütten, die meist aus Stroh= oder Palmblättern bestanden, elend und klein.

---

*) Das heißt die Taue abhauen, an welchen die Anker be=festiget sind; natürlich sind dann die Anker verloren.

Unfer Dampfer lockte die Bewohner herbei; sie verließen
Hütte und Feld und lautes Jubelgeschrei tönte uns
überall nach.

15. Dec. Diesen Abend saßen wir zum erstenmal
auf einer Sandbank auf, und es kostete uns einige Mühe
wieder flott zu werden.

16. Dec. Schon gestern hatten wir in den Ganges
gelenkt. Heute hielten wir spät des Abends bei dem
Dörfchen Commercolly. Die Einwohner brachten Lebensmittel aller Art herbei, und wir hatten Gelegenheit ihre
Preise zu erfahren. Ein schöner Schöps kostete vier Rupien, achtzehn junge Hühner eine Rup., ein Fisch von
mehreren Pfunden eine Annas (vier Kreuzer); acht
Eier eine Annas; zwanzig Apfelsinen, zwei Annas;
ein Pfund weißes Brod drei Beis (drei Kreuzer). —
Und bei diesen Spottpreisen nahm der Kapitän den Reisenden täglich drei Rup. für die Kost ab. Aber wäre sie
nur noch gut gewesen! — Einige der Reisenden kauften
sich hier Eier, frisches Brod und Apfelsinen, und der
Kapitän schämte sich nicht, dergleichen selbstgekaufte Artikel
bei seiner theuren Tafel erscheinen zu lassen.

18. Dec. Bealeah, ein bedeutender Ort mit vielen
Gefängnissen. Hier ist ein Depositum von Verbrechern*),
welche von nah und ferne hieher gebracht werden. Diese
Leute müssen nicht so gerne entfliehen wie unsere Europäer,
denn ich sah sie ganz leicht gefesselt, einzeln oder zu mehreren im Orte und in der Umgebung umher gehen, ohne
daß sie Aufseher begleiteten. Sie werden gehörig

---

*) Gegenwärtig belief sich die Zahl auf 782.

verpflegt und zu leichten Arbeiten verwendet. Eine Papier-Fabrik wird meist von ihnen beschickt.

In diesem Orte scheinen die Bewohner zu den sehr fanatischen zu gehören. Ich ging in Gesellschaft eines Reisenden, Herrn Lau, im Städtchen spazieren, und wir wollten in ein Gäßchen einbiegen, in welchem ein kleiner Hindu-Tempel stand. Als die Leute unsere Absicht gewahrten, fingen sie ein jämmerliches Geschrei an und drängten sich an uns, so daß wir es für gerathen hielten, unsere Neugierde zu bezähmen und umzukehren.

19. Dec. Heute zeigten sich niedrige Gebirgsketten, Rajmahal-Hills, die ersten seit Madras. Abends saßen wir ganz fest auf einer Sandbank auf. Wir brachten die Nacht ziemlich ruhig zu; am Morgen wurde aber alles angewandt, uns flott zu machen. Die Schleppschiffe wurden losgehängt, die Maschinen bis auf den höchsten Grad geheizt, die Matrosen arbeiteten unermüdet, und gegen Mittag — saßen wir noch so fest wie Abends zuvor. Da kam ein Dampfer, von Allahabed nach Calcutta segelnd, heran. Unser Kapitän zog keine Nothflagge auf, — er war in übelster Laune, von einem Cameraden in dieser Lage gesehen zu werden. Der Kapitän des andern Schiffes bot ihm dessen ohngeachtet seine Hülfe an; wurde aber mit kurzen, trockenen Worten abgefertigt. — Erst nach vielen Stunden unsäglicher Mühe gelang es uns, von dem Sande ab in freies Fahrwasser zu kommen.

Im Laufe des Tages berührten wir Radschmahal (Rajmahal) *), ein ausgebreitetes Dorf, das der dichten

---

*) Radschmahal war um das 17. Jahrhundert die Hauptstadt Bengalens.

Waldungen, der vielen Sümpfe und Moräste wegen, die es umgeben, als höchst ungesund geschildert wird.

Einst stand hier „Gur", eine der größten Städte Indiens, die zwanzig Quadratmeilen und bei zwei Millionen Einwohner gezählt haben soll. Noch sind, wie neuere Reisende versichern, zahlreiche und ausgezeichnet schöne Ruinen zu finden, darunter die vorzüglichste, die sogenannte „goldene Moschee," ein Prachtgebäude mit Marmor belegt, — die Thore berühmt wegen ihrer großen Bogen und der Festigkeit ihrer Seitenmauern.

Da glücklicherweise hier eine Kohlenstation war, gestattete man uns einige Stunden zur freien Verfügung. Die jungen Leute benützten selbe zu einer Jagdpartie, wozu die herrlichen Waldungen, die schönsten die ich bisher in Indien sah, sehr einluden. Man sagte freilich, sie seyen reich belebt von Tigern; das hielt jedoch Niemanden zurück.

Ich meinerseits ging auch auf die Jagd, aber au eine andere: ich durchstrich weit und breit die Waldungen und Sümpfe, um die Ruinen zu suchen. Ich fand sie auch; aber wie wenige! und die wenigen wie erbärmlich! Die ansehnlichsten waren zwei einfache Stadtthore, von Sandsteinen aufgeführt und mit einigen hübschen Sculpturen verziert, jedoch ohne hohe Wölbungen und ohne Kuppeln. An einem unbedeutenden Tempel mit vier Eckthürmchen sah ich hin und wieder Stellen mit feinem Mörtel bekleidet. Außerdem lagen noch einige Ruinen oder einzelne Bruchstücke von Gebäuden, Säulen u. s. w. umher; — alle Ruinen zusammen nehmen aber nicht den Flächeninhalt zweier englischen Quadrat‑Meilen ein.

An dem Saume des Waldes oder einige hundert Schritte weiter darinnen lagen viele Hütten der Einge- bornen, zu welchen die nieblichſten Wege unter dunkeln Schattengängen führten.

In Bealeah waren die Leute ſehr fanatiſch, hier die Männer ſehr eiferſüchtig. Zu Ende meiner Excurſion hatte ſich einer der Reiſenden zu mir geſellt, und wir ſtrichen nahe den Wohnungen der Leute umher. Sobald die Männer meinen Begleiter gewahrten, ſchrieen ſie alſogleich ihren Weibern zu, in die Hütten zu fliehen. Dieſe liefen auch rechts und links nach denſelben; blieben aber ganz ruhig unter der Thüre ſtehen, um uns vorüber gehen zu ſehen, und vergaßen ganz, ihre Geſichter zu bedecken.

In dieſen Gegenden gibt es ganze Waldungen von Cocospalmen. Indien iſt das eigentliche Vaterland dieſes Baumes, der hier eine Höhe von achtzig Fuß erreicht und ſchon im ſechsten Jahre Früchte trägt. In andern Ländern wird er kaum fünfzig Fuß hoch und trägt erſt nach zwölf bis fünfzehn Jahren Früchte. Dieſer Baum iſt vielleicht der nützlichſte der Welt: er liefert eine große, nahrhafte Frucht, eine köſtliche Milch, große Blätter zur Deckung und Einfaſſung der Hütten, die ſtärkſten Taue, das reinſte Brennöhl, Matten, gewobene Zeuge, Färbe- ſtoff und ſogar ein Getränk, das Surr, Tobby oder Palmbrantwein genannt und durch Einſchnitte in die Krone des Baumes gewonnen wird. Während eines ganzen Monats ſteigen die Hindus Morgens und Abends bis unter die Krone des Baumes, machen einige Ein- ſchnitte in den Stamm und hängen Töpfe darunter, um ben tröpfelnden Saft aufzufangen. Das Hinaufklettern wird dadurch erleichtert, daß die Rinde sehr wulstig ist. Der Hindu erfaßt mit einer starken Schlinge den Stamm und die Mitte seines eigenen Körpers, mit einer zweiten die Füße, die er gegen den Baum stemmt; er schwingt sich dann in die Höhe und zieht die obere Schlinge mit der Hand, die untere mit den Fußspitzen nach sich. Ich sah die Leute auf diese Art die höchsten Bäume mit Leichtigkeit in höchstens zwei Minuten ersteigen. Um den Leib haben sie einen Riemen geschnallt, an welchem ein Messer und ein oder zwei Töpfe hängen.

Der frisch gewonnene Saft sieht ganz klar aus und schmeckt angenehm süßlich; fängt aber schon nach sechs bis acht Stunden zu gähren an und bekommt dann eine weiß-liche Farbe und einen scharfen, etwas unangenehmen Ge-schmack. Man kann daraus mit Zusatz von Reis starken Arac machen. Ein guter Baum liefert in vierundzwanzig Stunden über zwei Maß solchen Saftes; er trägt jedoch in dem Jahre, in welchem der Toddy gewonnen wird, keine Früchte.

21. Dec. Ungefähr 70 Meilen unterhalb Radsch-mahal kommt man an drei ziemlich steilen Felsen vorüber, die dem Ganges entsteigen. Der größte mag an 60 Fuß Höhe haben; der mittlere, mit einigem Gebüsche be-wachsen, ist der Aufenthalts-Ort eines Fakirs, den gläubige Menschen mit Lebensmitteln versehen. Wir sahen diesen heiligen Mann nicht, da es schon dunkelte, als wir vorüberfuhren. Mehr bedauerten wir, daß wir den botanischen Garten zu Bogulpore, welcher der schönste in Indien sein soll, nicht besuchen konnten; da aber zu

Bogulpore keine Kohlenstation war, so wurke auch nicht angehalten.

Der 22. Dec. führte uns an der wundervollen Fels=partie Junghera vorüber, die gleich einer Feeninsel dem majeſtätiſchen Ganges entſteigt. Dieſe Stelle warb in früheren Zeiten als die heiligſte im Ganges verehrt. Tauſende von Booten und Schiffen durchfurchten ſtets den ſchönen Strom, kein Hindu dachte ruhig ſterben zu können, ohne hier geweſen zu ſein. Viele Fakire trieben da ihr Weſen, ſtärkten die armen Pilger mit ſalbungsvollen Reden und nahmen ihnen dafür fromme Gaben ab. Jetzt hat die Gegend ihren Heiligenſchein verloren, und die eingehenden milden Gaben genügen kaum, zwei bis drei Fakiren das Leben zu friſten.

Abends hielten wir bei Monghyr*), einer ziemlich großen Stadt mit alten Feſtungswerken. Ein Friedhof mit Monumenten überfüllt, fällt vor allem in die Augen. Die Monumente ſind ſo eigenthümlich, daß, wenn ich deren nicht ſchon auf den Friedhöfen zu Calcutta geſehen hätte, ich ſie nimmermehr einer chriſtlichen Glaubensſecte zuge=muthet haben würde. Es gab da Tempel, Pyramiden, mächtige Katafalke, Kioske u. ſ. w., alle von Ziegeln maſſiv aufgeführt. Die Größe dieſes Friedhofes ſteht mit der geringen Anzahl der in Monghyr wohnenden Europäer in gar keinem Verhältniſſe; allein dieſer Ort ſoll der ungeſundeſte in ganz Indien ſein, ſo daß ein Europäer,

---

*) Monghyr wird das indiſche Birmingham genannt, wegen der vielen Stahl= und Waffenfabriken und Meſſerſchmieden. Bevölkerung bei 30,000 Seelen.

wenn er für mehrere Jahre dahin beordert wird, gewöhn=
lich für immer Abschied von den Seinigen nimmt.

Fünf Meilen von da gibt es heiße Quellen, die
von den Eingebornen für heilig gehalten werden.

Die Ansicht der Radschmahal Hills hatten wir schon
bei Bogulpore verloren, — eine ununterbrochene Ebene
breitete sich wieder auf beiden Seiten des Stromes aus.

24. Dec. Patna*), eine der größten und ältesten
Städte Bengalens, mit einer Bevölkerung von ungefähr
300,000 **) Seelen, besteht aus einer acht engl. Meilen
langen, sehr breiten Straße, in welche viele kurze Gäß=
chen einmünden. Die Häuser fand ich meist von Lehm,
über alle Maßen klein und erbärmlich. Unter den Vor=
dächern derselben sind Waaren und Lebensmittel der ein=
fachsten Gattung ausgekramt. Der Theil der Straße,
in welchem sich die meisten dieser ärmlichen Lager befinden,
wird mit dem stolzen Namen „Bazar“ belegt. Die
wenigen bessern Häuser hätte man ohne große Mühe zählen
können; sie waren von Ziegeln gebaut und mit zierlichen,
in Holz geschnitzten Gallerien und Säulen umgeben. In

---

*) Patna ist die Hauptstadt der Provinz »Bechar,« und
war einst seiner vielen Buddha=Tempel wegen sehr berühmt.
In der Nähe von Patna lag die berühmteste Stadt
des indischen Alterthumes, »Parlibothra.« Patna hat
viele Baumwollen = Manufacturen und einige Opium=
Fabriken.

**) In allen indischen, mahomedanischen, man kann sagen,
in allen nicht christlichen Ländern ist es höchst schwierig.
die Einwohnerzahl einer Stadt genau anzugeben, da das
Volk nichts mehr verabscheuet als ähnliche Zählungen.

diesen Häusern mußte man auch die hübschen und kost=
baren Waarenlager suchen.

Die Tempel der Hindus, die Gauths (Treppen,
Hallen, Thorwege) nach dem Ganges versprechen, wie
die Moscheen der Mohamedaner, immer von der Ferne
unendlich mehr, als sie bei näherer Besichtigung ge=
währen. Das einzige sehenswerthe, was ich hier fand,
waren einige Mausoleen in Glockenform, wie jene auf
Ceylon, zwar nicht kunstvoller, doch bei weitem größer:
ihr Umfang mochte wohl zweihundert, ihre Höhe achtzig
Fuß überschreiten. Ganz schmale Eingänge mit einfachen
Thüren führten ins Innere. Von außen leiteten an
zwei Seiten schmale Treppen, einen Halbkreis bil-
dend, bis an die Spitze. Man schloß die Thüre nicht
auf, und wir mußten uns mit der Versicherung begnügen,
daß außer einem einfachen Sarkophage nichts darinnen
enthalten sey.

Patna ist ein höchst wichtiger Platz für den Opium=
handel, dessen Betrieb viele der Eingebornen bereichert.
Ihren Reichthum zeigen sie für gewöhnlich weder in
Kleidern noch in sonstigem öffentlichen Luxus. Es gibt
nur zwei Trachten, die des Bemittelten, der orientalischen
ähnlich, und die des ganz Armen, aus einem Tuche be=
stehend, das um die Lenden geschlagen wird.

Die Hauptstraße der Stadt ist höchst belebt, sowohl
von Fahrenden als von Fußgängern. Der Hindu ist, wie
der Jude, ein so abgesagter Feind des Gehens, daß er
den schlechtesten Platz auf dem erbärmlichsten Karren nicht
verachtet.

Das gebräuchlichste Fuhrwerk besteht in einem

schmalen, hölzernen Karren auf zwei Rädern, der mit
vier Pfählen und Querstangen umgeben ist. Diese sind mit
farbigem Wollstoff umhangen, und oben schützt eine Art
Baldachin gegen die Sonne. Platz ist hier eigentlich
nur für zwei Personen; doch sah ich drei bis vier darauf
zusammengedrängt. Ich gedachte dabei der Italiener,
deren oft so viele in einem Wagen sitzen und stehen, daß
nicht einmal die Fußtritte leer bleiben. Diese Karren
heißen Baili; sie werden dicht verhängt, wenn Frauen
darin fahren.

Ich erwartete hier die Straßen von Kamehlen und
Elephanten belebt zu sehen, da ich in einigen Beschreibun-
gen so viel davon gelesen hatte; ich sah aber nur von
Ochsen gezogene Bailis und einzelne Reiter, jedoch weder
Kamehle noch Elephanten.

Gegen Abend fuhren wir nach Deinapore, das acht
engl. Meilen von Patna entfernt ist*). Eine herrliche
Poststraße, mit schönen Bäumen besetzt, führt zwischen
üppigen Feldern dahin.

Deinapore ist eine der größten englischen Militär-
stationen und besitzt ausgedehnte Casernen, die beinahe
für sich eine Stadt bilden. Die Stadt Deinapore liegt
von den Casernen nicht weit entfernt. Unter den Einwohnern gibt es viele Mohamedaner, die sich durch Fleiß
und Betriebsamkeit vor den Hindus auszeichnen.

Ich sah hier in einem außerhalb der Stadt gelegenen

---

*) Ich ließ mich mit zwei Reisenden zu Patna an's Land
setzen und fuhr gegen Abend zu Wagen nach Deinapore,
wo unser Dampfer für die Nacht vor Anker ging.

Serai*) zum ersten Male auf dem Festlande Indiens Elephanten; es waren acht große, herrliche Thiere.

Als wir des Abends auf unser Schiff zurückkehrten, fanden wir da ein Leben wie in einem Lager: alle möglichen Artikel waren herbei gebracht und ausgekramt worden; besonders aber thaten sich die Schuster hervor, deren Arbeiten schön und dauerhaft aussahen und dabei merkwürdig billig waren. Ein Paar Männerstiefel z. B. kosteten anderthalb bis zwei Rup., wurden aber freilich immer um das doppelte angeboten. Ich sah bei dieser Gelegenheit, wie die europäischen Seeleute den Handel mit den Eingebornen betrieben. Einer der Maschinisten wollte ein Paar Schuhe erhandeln und bot den vierten Theil des geforderten Betrags. Der Verkäufer damit nicht einverstanden, nahm die Waare zurück; allein der Maschinist riß ihm selbe aus der Hand, warf ihm einige Beis über die gebotene Summe zu und eilte in seine Cabine. Der Schuster lief ihm nach und forderte die Schuhe; statt deren ertheilte man ihm aber einige tüchtige Püffe mit der Drohung, daß er augenblicklich vom Schiff müsse, wenn er sich nicht ruhig verhalte. Halb weinend ging der arme Teufel zu seinem Waarenpacke zurück.

Ein anderer Fall ereignete sich an demselben Abend: ein Hinduknabe brachte eine Schachtel für einen der Reisenden und bat um eine kleine Gabe für seine Mühe, — man hörte nicht darauf. Der Junge blieb stehen und

---

*) Serai sind große, schöne Höfe, mit kleinen Hallen und Kämmerchen umgeben, die den Reisenden aller Nationen zur Benützung offen stehen.

erneuerte zeitweise seine Bitte. Da jagte man ihn fort, und als er nicht gleich gehen wollte, gab man ihm Schläge. Zufällig kam der Kapitän herbei und frug, was es gäbe. Der Knabe erzählte schluchzend sein Anliegen und seine Abfertigung, — der Kapitän zuckte die Achseln, und der Knabe wurde aus dem Schiffe gebracht.

Wie viel ähnliche und noch ärgere Begebenheiten habe ich nicht gesehen! Wenn uns die sogenannten „barbarischen und heidnischen Völker" verabscheuen und hassen, haben sie vollkommen Recht. Wo der Europäer hinkommt, will er nicht belohnen, sondern nur herrschen und gebieten, und gewöhnlich ist seine Herrschaft viel drückender als jene der Eingebornen.

26. Dec. Die Aussetzungen der Sterbenden an den Ufern des Ganges scheinen doch nicht so häufig zu seyn, wie viele Reisende erzählen. Wir fuhren nun schon vierzehn Tage auf dem Strome, waren an vielen reichbevölkerten Städten und Ortschaften vorüber gekommen, und erst heute kam mir ein solches Schauspiel zu Gesichte: der Sterbende lag knapp am Wasser, um ihn herum saßen mehrere Menschen, wahrscheinlich seine Verwandten, und harrten seiner Sterbestunde entgegen. Einer schöpfte mit der Hand Wasser oder Schlamm aus dem Flusse und berührte damit des Sterbenden Nase und Mund. Der Hindu glaubt, daß, wenn er mit dem Mund voll heiligen Wassers am Flusse selbst stirbt, er ganz gewiß in den Himmel kommt. Die Verwandten oder Freunde bleiben nur bis Sonnenuntergang bei dem Verscheidenden; dann gehen sie heim und überlassen ihn seinem Schicksale. Gewöhnlich wird er die Beute eines Crocodiles.

Schwimmende Leichen bekam ich auch nur sehr selten zu Gesichte; auf der ganzen Reise sah ich nicht mehr als zwei. Die meisten Leichen werden verbrannt.

27. Dec. Ghazipur ist ein bedeutender Ort, der sich schon von ferne durch schöne Gauths bemerkbar macht. Hier steht ein artiges Monument, dem Andenken des Grafen von Cornwallis errichtet, der im Jahre 1790 Tippo-Saib besiegte. — In der Nähe ist ein großes Pferdegestüt, welches ausgezeichnet schöne Pferde liefern soll. Am merkwürdigsten aber ist Ghazipur durch seine ungeheuren Rosenfelder und durch das hier bereitete Rosenwasser und Rosenöl. Letzteres wird auf folgende Art gewonnen:

Auf vierzig Pfund mit dem Kelche versehene Rosen werden sechzig Pfund Wasser gegossen und über langsamem Feuer destillirt. Man bekömmt davon dreißig Pfund Rosenwasser. Mit diesem werden abermals vierzig Pfund frische Rosen überschüttet und davon höchstens zwanzig Pfund Wasser destillirt. Dieses wird sodann in Schüsseln eine Nacht hindurch der kühlen Luft ausgesetzt, worauf man am Morgen das Oel auf der Oberfläche des Wassers geronnen findet und abnimmt. Von achtzig Pfund Rosen (200,000 Stück) soll man höchstens anderthalb Loth Oel erhalten. Ein Loth ächtes Rosenöl kostet zu Ghazipur selbst vierzig Rupien.

Am 28. Dec. zehn Uhr Morgens erreichten wir endlich die heilige Stadt Benares. Wir gingen bei Radschgaht vor Anker, wo schon Culli (Träger) und Kamehle bereit standen um uns in Empfang zu nehmen.

Ehe ich von dem Ganges scheide, muß ich bemerken,

daß ich auf der ganzen Reise von ungefähr tausend Meilen nicht eine einzige Stelle gefunden habe, die sich durch besondere Naturschönheit ausgezeichnet oder eine pittoreske Ansicht gewährt hätte. Die Ufer sind flach oder mit zehn bis zwanzig Fuß hohen Erdschichten umsäumt, und mehr landeinwärts wechseln Sandflächen mit Pflanzungen oder ausgetrockneten Wiesenplätzen oder erbärmlichen Dschungels. Städte und Ortschaften sieht man zwar in großer Anzahl; aber einzelne schöne Gebäude und die Gauths ausgenommen, bieten sie nichts als Hütten und Baraken. Der Strom selbst ist oft in mehrere Arme getheilt, oft wieder so ausgebreitet, daß er mehr einem See als einem Flusse gleicht, und daß das Auge kaum die fernen Ufer erblickt.

Benares ist die heiligste Stadt Indiens. Sie ist dem Hindu was Mecca dem Mohamedaner, Rom dem Katholiken. Der Glaube des Hindu an ihre Heiligkeit ist so groß, daß nach seiner Meinung jeder Mensch ohne Unterschied der Religion der Seligkeit theilhaftig wird, wenn er vierundzwanzig Stunden in dieser Stadt verweilt hat. Einer der schönsten Züge in der Religion und dem Charakter dieses Volkes ist jene edle Toleranz, die den einseitigen Glauben gar mancher Christen = Secten tief beschämt.

Die Zahl der Pilger steigt alljährlich auf 3 bis 400,000, durch deren Verkehr, Opfer und Gaben die Stadt die reichste im Lande wurde.

Es mag hier nicht am unrechten Orte sein, einige

Bemerkungen über die Religion dieses interessanten Volkes einzuschalten, die ich aus Zimmermanns „Taschenbuch der Reisen" entlehne:

„Die Grundlage des hindostanischen Glaubens ist: „ein über alles erhabenes Urwesen, eine Unsterblichkeit, „eine Belohnung der Tugend. Die Haupt-Idee von „Gott ist so groß und schön, ihre Moral so rein und „erhaben, wie man sie bei keinem andern Volke gefun= „den hat."

„Ihre Glaubenslehre ist: das höchste Wesen an= „beten, seine Schutzgötter anrufen, freundlich gegen seine „Mitmenschen sein, sich der Unglücklichen erbarmen, und „sie unterstützen, gebuldig die Beschwerlichkeiten des Le= „bens ertragen, nicht lügen, nicht ehebrechen, die gött= „liche Geschichte lesen und lesend anhören, wenig reden, „fasten, beten, zur bestimmten Zeit sich baden. — Dieß „sind die allgemeinen Pflichten, zu welchem die heiligen „Bücher alle Indier ohne Ausnahme irgend eines Stammes „oder einer Zunft insgesammt verbinden."

„Ihr wahrer, einziger Gott heißt „Brahm," „wohl zu unterscheiden von dem durch ihn geschaffenen „„Brahma." Er ist das wahre, ewige, selige, unwan= „delbare Licht aller Zeiten und Räume. — Das Böse „wird bestraft, das Gute belohnt."

„Aus des Unsterblichen Wesen ging die Göttin „Bhavani (d. i. die Natur) und ein Heer von 1180 „Millionen Geister hervor. Unter diesen gibt es drei „Halbgötter oder Obergeister: Brahma, Wischnu „und Schiwa, die Dreieinigkeit der Hindus, bei ihnen „Trimurti genannt."

„Unter den Geistern herrschte lange Zeit Eintracht
„und Glückseligkeit; aber darauf brach eine Empörung
„aus, viele versagten den Gehorsam. Die Rebellen wurden
„von der großen Höhe in den Abgrund der Finsterniß
„gestürzt. Hierauf erfolgte die Seelenwanderung, jedes
„Thier, jede Pflanze war von einem gefallenen Engel be=
„seelt; von diesem Glauben schreibt sich die unendliche
„Gutmüthigkeit der Hindus gegen die Thiere her. Sie
„betrachten sie als ihre Mitbrüder und wollen keines
„tödten."

„In der lautersten, religiösesten Absicht verehrt
„der Hindu den großen Zweck der Natur, die Er=
„zeugung organisirter Körper. Ihm sind alle dazu
„wirkenden Theile verehrungswerth und heilig, und in
„dieser Absicht allein beweist er dem Lingam göttliche
„Verehrung."

„Man dürfte behaupten, daß nur nach und nach
„das Abenteuerliche dieser Religion durch Verfälschung
„und Unverständlichkeit im Munde des Volkes ein fast
„wahnsinniges Gaukelspiel geworden ist."

„Es wird hinreichen, die Bilder nur einiger der
„vornehmsten Gottheiten anzugeben, um hieraus auf den
„jetzigen Zustand ihrer Religion schließen zu können."

„Brahma als Erschaffer der Welt wird mit
„vier Menschenköpfen und acht Händen abgebildet, in der
„einen Hand hält er das Gesetzbuch, in den übrigen
„andere Sinnbilder. Er wird in keinem Tempel
„(Pagode) verehrt, er verlor dieses Vorrecht seines
„Stolzes wegen, er wollte das allerhöchste Wesen er=
„forschen. Jedoch nach Bereuung seiner Thorheit ward

„es ihm zugestanden, daß die Brahminen ihm zu Ehren
„eigene feierliche Feste, Poulsché genannt, anstellen
„durften."

„Vischnu als Erhalter der Welt wird in einund=
„zwanzig verschiedenen Gestalten dargestellt. Halb Fisch
„halb Mensch, als Schildkröte, halb Löwe halb Mensch,
„Buddha, Zwerg u. s. w. Die Gemahlin des Vischnu
„wird als die Göttin der Fruchtbarkeit, des Reichthums,
„der Schönheit u. s. w. verehrt. Ihr zu Ehren wird die
„Kuh heilig gehalten."

„Schiwa ist der Zerstörer, Rächer, Umwandler,
„der Sieger des Todes, er hat daher einen doppelten
„Charakter, wohlthuend oder furchtbar, er belohnt und
„bestraft. Gewöhnlich wird er gräßlich dargestellt, ganz
„von Blitzen umgeben, mit drei Augen, wovon das
„größte auf der Stirne ist; nebst dem hat er acht Arme,
„in deren jedem er etwas hält."

„Obwohl diese drei Gottheiten gleich hoch stehen,
„so theilt sich die Religion der Hindus doch eigentlich
„nur in zwei Secten, nämlich in die der Vischnu = und
„Schiwa = Verehrer. Brahma hat keine eigene Secte,
„weil ihm Tempel und Pagoden versagt sind; man
„könnte jedoch die ganze Priester = Kaste, die Brahminen,
„für seine Verehrer betrachten, da sie behaupten, aus
„seinem Kopfe entsprungen zu sein."

„Die Vischnu = Verehrer haben auf der Stirn oder
„Brust ein röthlich oder gelblich gemaltes Zeichen der
„Jani. Die Schiwa = Verehrer tragen an der Stirn das
„Zeichen des Lingam, oder eines Obelisken, Dreieckes,
„oder der Sonne."

„Unter = Gottheiten werden 333 Millionen ange=
„nommen; sie sind die Götter der Elemente, Natur = Er=
„scheinungen, Leidenschaften, Künste, Krankheiten u. s. w.
„Sie werden in verschiedenen Gestalten und mit allerlei
„Attributen dargestellt."

„Ferner gibt es Genien, gute und böse Dämone.
„Die Zahl der guten übersteigt die schlechten um drei
„Millionen."

„Auch andere Dinge sind dem Hindu heilig, als:
„Flüsse, darunter vorzüglich der Ganges; er soll aus
„dem Schweiße des Schiwa entstanden sein. Das Ganges=
„Wasser wird so hoch gehalten, daß man viele Meilen
„landeinwärts Handel damit treibt."

„Von Thieren verehren sie besonders die Kuh, den
„Ochsen, Elephanten, Affen, Adler, Schwan, Pfau
„und die Schlange."

„Von Pflanzen: den Lotos, den Bananien = und
„den Mango = Baum."

„Eine ganz besondere Verehrung bezeigen die Brah=
„minen einem Stein, nach Sonnerat ein Ammonshorn
„in Schiefer versteinert."

„Höchst merkwürdig ist es, daß in ganz Hindostan
„keine Abbildung des höchsten Wesen's zu finden ist.
„Es scheint ihnen zu groß, sie halten die gesammte Erde
„für seinen Tempel und beten es unter allen Ge=
„stalten an."

„Die Anhänger des Schiwa beerdigen ihre Todten,
„die andern verbrennen oder werfen sie in den Fluß.

Wer nur nach Calcutta und nicht weiter kam, kann sich kaum einen richtigen Begriff von Indien machen. Calcutta ist beinahe europäisch geworden. Die Paläste, die Equipagen sind europäisch, es gibt da Gesellschaften, Bälle, Concerte, Promenaden, beinahe wie in Paris und London, und sähe man nicht den gelbbraunen Eingebornen auf der Straße, den Hindu als Diener im Hause, so könnte man wahrlich oft leicht vergessen, daß man sich in einem fremden Welttheile befindet.

Anders ist es in Benares. Da steht der Europäer vereinzelt; frembartige Sitten und Gebräuche umgeben ihn überall und erinnern ihn bei jedem Schritte, daß er der gebuldete Eindringling ist. Benares zählt bei 300,000 Einwohner, worunter kaum 150 Europäer.

Die Stadt ist schön, besonders von der Wasserseite aus gesehen, wo man ihre Mängel nicht bemerkt. Prachtvolle Treppen = Reihen, aus kolossalen Steinen gebaut, führen das Ufer hinan zu den Häusern und Palästen, zu den kunstvoll gebauten Stadtthoren. In dem schönen Stadttheile reihen sie sich ununterbrochen aneinander und bilden eine zwei engl. Meilen lange Kette. Diese Treppen kosteten unermeßliche Summen, und aus den dazu verwendeten Steinen hätte man eine große Stadt erbauen können.

Der schöne Stadttheil enthält sehr viele alterthümliche Paläste im maurischen, gothischen oder hindostanischen Style, deren manche eine Höhe bis zu sechs Stockwerken haben. Die Portale sind großartig, die Fronten der Paläste und Häuser mit meisterhaft gearbeiteten Arabesken, Basreliefs und Bildhauerarbeiten bedeckt, die Stockwerke reich mit schönen Säulengängen, vorspringenden Pfeilern, Veranden, Balkonen und Friesen ausgeschmückt. Nur die Fenster gefielen mir nicht: sie sind niedrig, schmal und selten regelmäßig angebracht. Alle Paläste und Häuser haben sehr breite, geneigte Dächer oder auch nur Terassen.

Unzählige Tempel geben einen Beweis von dem Reichthum und der Religiosität der Einwohner dieser Stadt. Jeder wohlhabende Hindu hat an seinem Hause einen Tempel, d. h. ein Thürmchen erbaut, das oft kaum die Höhe von zwanzig Fuß erreicht.

Der Hindu=Tempel besteht eigentlich aus einem dreißig bis sechzig Fuß hohen Thurme ohne Fenster mit einem kleinen Eingange. Er nimmt sich, besonders von der Ferne gesehen, sehr schön und originell aus, da er entweder höchst kunst= und geschmackvoll ausgehauen, oder mit hervorragenden Verzierungen als: Spitzen, kleinen Säulen, Pyramidchen, Blättern, Nischen u. s. w. reich= lich bedeckt ist.

Leider gibt es unter diesen schönen Bauten auch viele Ruinen. Der Ganges unterwühlt hin und wieder das Erdreich, und Paläste und Tempel sinken in dem lockern Boden ein, oder stürzen wohl ganz und gar zusammen. Kleine, ärmliche Häuser sind theilweise darauf gebaut, die das schöne Bild der Stadt noch mehr verunzieren als die Ruinen, die selbst als solche noch schön sind.

Wenn man mit Sonnenaufgang an den Fluß kommt, sieht man ein Schauspiel, das mit keinem andern in der Welt verglichen werden kann. Der religiöse Hindu kommt hieher um seine Andacht zu verrichten; er steigt in den

Fluß, wendet sich gegen die Sonne, begießt sich drei=
mal den Kopf mit Wasser, das er mit der Hand geschöpft
hat, und murmelt dabei seine Gebete. Bei der großen
Bevölkerung, die Benares auch ohne Pilger besitzt, wird
man es nicht übertrieben finden, wenn man die tägliche
Anzahl der Betenden durchschnittlich auf 50,000 angibt.
Viele Brahminen sitzen in kleinen Kiosken oder auf Stein=
blöcken auf den Treppen knapp am Wasser, um die Spen=
den der Wohlhabenden und Pilger in Empfang zu nehmen
und ihnen dagegen die Absolution ihrer Sünden zu
ertheilen.

Jeder Hindu soll sich des Tages wenigstens einmal,
und zwar des Morgens baden; gehört er zu den sehr an=
dächtigen, und erlaubt es ihm die Zeit, so verrichtet er
dieselbe Ceremonie auch des Abends. — Das weibliche
Geschlecht übergießt sich zu Hause mit Wasser.

In den Zeiten der Feste, Mela genannt, wo der Zu=
drang der Pilger nach Benares unberechenbar ist, sollen
die Treppen kaum die Menschenmenge fassen können, und
der Strom soll von den Köpfen der Badenden wie mit
schwarzen Punkten übersäet sein.

Die innere Stadt ist bei weitem nicht so schön als
jener Theil, der sich längs des Ganges ausbreitet. Es
gibt zwar da auch noch viele Paläste; doch fehlen ihnen
die schönen Portale, Säulen, Veranden u. b. m. Viele
der Gebäude sind mit feinem Cement überkleidet und
andere mit erbärmlichen Fresken bemalt.

Die Straßen sind größtentheils schmutzig, häßlich,
und manche darunter so enge, daß man mit einem Pa=
lankine gar nicht durchkommen kann. In allen Ecken,

beinahe vor jedem Hause steht das Sinnbild des Gottes Schiwa.

Von den Tempeln in der Stadt ist der schönste der „Bisvishas": er hat zwei durch Säulengänge ver-bundene Thürme, deren Spitzen mit Goldplatten belegt sind. Eine Mauer umgibt den Tempel. Wir durften den Vorhof betreten und bis an die Eingangsthüren gehen. Darinnen sahen wir einige Sinnbilder des Vischnu und Schiwa, die mit Blumen bekränzt und mit Fruchtkörnern von Reis, Waizen u. dgl. überstreut waren. In den Vorhallen standen kleine Stiere von Metall oder Stein, und lebende weiße Stiere (ich zählte deren acht) gingen frei umher. Diese Letzteren werden für heilig geachtet und dürfen sich ungehindert überall hinbegeben, ja es ist ihnen sogar nicht verwehrt, ihren Hunger mit den geopferten Blumen und Frucht-körnern zu stillen.

Dergleichen heilige Thiere verweilen nicht nur in den Tempeln, sie gehen auch in den Straßen umher. Die Leute weichen ihnen ehrerbietig aus und werfen ihnen mitunter auch Futter zu; doch lassen sie selbe nicht, wie einst, von dem zum Kaufe ausgestellten Getreide naschen. — Wenn einer der heiligen Stiere stirbt, so wird er in den Fluß geworfen oder verbrannt; er genießt hierinnen gleiche Ehre mit den Hindus.

In dem Tempel befanden sich Männer und Weiber, die Blumen gebracht hatten, mit welchen sie die Sinnbilder schmückten und bekränzten. Manche legten auch ein Stück Geld unter die Blumen. Sie spritzten Gangeswasser über

Sinnbilder und Blumen und streuten Reis = und andere Getreide = Körner darüber aus.

Nahe am Tempel Visvishas befinden sich die heilig= sten Stellen der Stadt, der sogenannte „heilige Brun= nen," und die „Mankarnika," ein großes Wasser= becken. Von ersterem erzählt man folgendes:

Als die Engländer Benares erobert hatten, pflanzten sie vor dem Eingange eines Tempels eine Kanone auf, um den Gott Mahadeo zu zerstören. Die Brahminen, darüber ganz entrüstet, suchten das Volk aufzuwiegeln, das auch wirklich in zahlreichen Haufen zu dem Tempel eilte. Die Engländer, um jeden Streit zu verhüten, sagten zu dem Volke: „Wenn euer Gott stärker ist als „der Christen Gott, so wird ihm die Kugel nichts an= „haben; im andern Falle aber wird er zerschmettert nieder= „stürzen." — Natürlich hatte letzteres statt. Die Brah= minen gaben aber ihre Sache nicht verloren und erklärten, daß sie gesehen hätten, wie vor dem Schusse der Geist ihres Gottes das Steinbild verlassen und sich in den nahen Brunnen gestürzt habe. — Von dieser Zeit an wird der Brunnen als heilig betrachtet.

Die Mankarnika ist ein tiefes, mit Steinen ausgelegtes Wasserbecken von vielleicht sechzig Fuß Breite und Länge; breite Treppen führen von den vier Seiten zum Wasser. Man erzählt hier eine ähnliche Geschichte von dem Gotte Schiwa. Beide Götter, der eine hier wie der andere in dem Brunnen, halten sich noch heutigen Tages da auf. Jeder Pilger, der Benares besucht, muß sich bei seiner Ankunft in diesem heiligen Teiche baden und dafür eine kleine Gabe entrichten. Zum Empfange der Gaben sind stets einige Brahminen anwesend. Sie unterscheiden sich in ihrer Kleibertracht durchaus nicht von den etwas Wohlhabenderen unter dem Volke; nur ihre Hautfarbe ist heller und mehrere unter ihnen hatten sehr edle Gesichtszüge.

Fünfzig Schritte von diesem Teiche, am Ufer des Ganges, steht ein ausgezeichnet schöner Hindu = Tempel mit drei Thürmen. Leider gab vor wenigen Jahren das Erdreich nach, und die Thürme wurden aus ihrer Stellung gebracht; der eine neigt sich links, der andere rechts und der dritte ist beinahe in dem Ganges versunken.

Unter den übrigen tausend und tausend Tempeln und Tempelchen gibt es zwar hin und wieder einige, die der Mühe lohnen, im Vorübergehen gesehen zu werden; doch würde ich Niemanden rathen, ihrethalben große Umwege zu machen.

Der Verbrennungsplatz für die Todten ist ebenfalls ganz nahe am heiligen Teiche. Als wir dahin kamen, röstete man gerade einige Verstorbene, — anders kann man die Art und Weise der Verbrennung nicht nennen: die Feuer waren so klein, daß die Körper von allen Seiten darüber hinaus ragten.

Unter den übrigen Bauten verdient vor allem die Moschee „Aurang = Zeb" die Aufmerksamkeit des Reisenden. Sie ist ihrer beiden Minarete wegen berühmt, die, an 150 Fuß hoch, die schlanksten in der Welt sein sollen. Sie gleichen zweien Nadeln und verdienen diesen Namen gewiß eher als jene der Cleopatra zu Alexandria in Egypten. — Schmale Wendeltreppen im Innern führen bis an die Spitze, auf welcher eine kleine Plattform

mit einem fußhohen Geländer angebracht ist. Glücklich
wer dem Schwindel nicht unterworfen ist! Er kann da
hinaustreten und das unendliche Häusermeer mit den zahl=
losen Hindu = Tempeln in Vogelperspective überschauen.
Auch der Ganges mit seinem meilenlangen Treppenquais
liegt aufgedeckt zu den Füßen. An recht heiteren, klaren
Tagen soll man sogar einer fernen Hügelkette ansichtig
werden, — der Tag war schön und heiter; aber die
Hügelkette konnte ich nicht erblicken.

Ein höchst merkwürdiger und kunstvoller Bau ist das Ob=
servatorium, welches Dscheising unter dem geistvollen
Kaiser Akbar vor mehr denn zweihundert Jahren baute.
Man findet da keine gewöhnlichen Fernröhre und Teles=
kope, sondern alle Instrumente sind aus massiven Qua=
dersteinen kunstvoll zusammengefügt. Auf einer erhöhten
Terrasse, zu welcher steinerne Treppen führen, stehen zirkel=
runde Tafeln, halb= und viertelzirkelförmige Bogen u. s. w.,
die voll Zeichen, Schriften und Linien sind. Mit diesen In=
strumenten machten und machen noch heut zu Tage die Brah=
minen ihre Beobachtungen und Berechnungen in den Ge=
stirnen. — Auch jetzt trafen wir mehrere Brahminen eifrig
mit Berechnungen und schriftlichen Aufsätzen beschäftigt.

Benares ist überhaupt auch der Hauptsitz der indi=
schen Gelehrsamkeit. Unter den Brahminen, sechstausend
an der Zahl, soll es viele geben, die Unterricht in der
Astronomie, in der Sanskrit = Sprache und in andern
wissenschaftlichen Gegenständen ertheilen.

Eine andere Merkwürdigkeit von Benares sind die
heiligen Affen, die ihren Hauptsitz auf einigen ungeheuren
Mango=Bäumen in der Vorstadt Durgakund haben. Als

wir unter den Bäumen anlangten, mochten die Thiere
wohl ahnen, daß wir uns ihretwegen da eingefunden
hatten, denn sie kamen ganz unbesorgt in unsere Nähe;
aber als der Diener, den wir um Futter für sie geschickt
hatten, zurückkehrte, ihnen zurief und sie höflichst zum
Fraße einlud, da mußte man erst sehen, wie das lustige
Völklein von Dächern und Bäumen, aus Häusern und
Gassen gerannt und gesprungen kam. In einem Augenblicke waren wir in engem Kreise von einigen Hunderten
umschlossen, die sich auf die possirlichste Weise um die
ihnen vorgeworfenen Früchte und Körner balgten. Der
größte oder älteste unter ihnen spielte den Commandanten;
wo Streit und Haber war, sprang er hin, theilte Klapse
aus, drohte mit den Zähnen und gab murrende Laute
von sich, worauf die Zänker auch jedesmal gleich auseinan-
ander sprangen — es war die größte und possirlichste
Affengesellschaft, die ich je gesehen. — Die Affen waren
über zwei Fuß hoch und von schmutziggelblicher Farbe.

Eines Tages führte mich mein gütiger Wirth, Herr
Luitpold*) nach Sarnath (fünf engl. Meilen von
Benares), wo man einige interessante Ruinen, drei ungeheure massive Thürme findet. Sie sind nicht von sehr bedeutender Höhe und liegen auf drei künstlich aufgemauerten
Hügeln, deren jeder eine Meile von dem andern entfernt
ist. Hügel und Thürme sind von großen Ziegeln aufgeführt. Der größte dieser Thürme ist noch jetzt an vielen

---

*) Herr L., ein Deutscher, nahm mich hier sehr gastfreund-
lich auf. Er und seine liebenswürdige Gemahlin erwiesen
mir alle nur möglichen Gefälligkeiten und Aufmerksamkeiten, wofür ich ihnen stets dankbar verbleibe.

Stellen mit Steinplatten überkleidet, an welchen man hin und wieder Spuren schöner Arabesken entdeckt. Viele Steinplatten liegen als Ruinen am Boden umher. An den beiden andern Thürmen findet man keine Spur einer derlei Ueberkleidung. In jedem Thurme ist eine kleine Thüre und ein einziges Gemach *).

Das englische Gouvernement ließ in jedem Hügel einen Eingang bis unter den Thurm durchbrechen, in der Hoffnung, Entdeckungen zu machen, die einige Aufklärung über diese Bauten geben sollten; man fand aber nichts als ein leeres unterirdisches Gewölbe.

An einem dieser Thürme breitet sich ein See aus, der durch Ausgrabung des Erdreiches künstlich geschaffen ist und durch einen Canal von dem Ganges mit Wasser versehen wird.

Von diesen Thürmen und von dem See gibt die Sage eine sehr wahrscheinliche Geschichte an: „In den Zeiten des grauen Alterthumes regierten hier drei Brüder, drei Riesen, welche diese Bauten aufführen und den See ausgraben ließen, und zwar geschah dies alles an einem Tage. Man muß jedoch wissen, daß ein Tag jener Zeit nach unserer gegenwärtigen Rechnung zwei Jahre betrug. Die Riesen waren so groß (was die kleinen Thürme und Gemächer sehr wahrscheinlich machen), daß sie mit einem Schritte von einem Thurm zum andern gelangen konnten, und sie bauten selbe so nahe, weil sie sich ungemein liebten und jeden Augenblick zu sehen wünschten."

---

*) Manche halten diese Thürme für Buddhisten=Tempel; — die Höhe beträgt bei 70 — der Umfang bei 150 Fuß.

Nicht minder interessant als diese Thürme und ihre merkwürdige Geschichte waren mir einige in der Nähe angelegte Indigopflanzungen, die ersten die ich zu sehen bekam.

Die Indigopflanze ist ein strauchartiges Gewächs von ein bis drei Fuß Höhe, mit blaugrünen zarten Blättchen. Die Ernte fällt gewöhnlich in den Monat August; die Pflanze wird ziemlich tief am Hauptstamme abgeschnitten, in Bündel zusammen gebunden und in große hölzerne Tonnen gegeben. Man legt Breter darauf, die man mit großen Steinen beschwert und schüttet Wasser darüber; nach sechzehn Stunden, oft auch erst in einigen Tagen, je nach Beschaffenheit des Wassers, fängt das Ding an zu gähren. In diesem Gährungsprozesse besteht die Hauptschwierigkeit, und alles kommt darauf an, ihn nicht zu kurz oder zu lange währen zu lassen. Wenn das Wasser eine dunkelgrüne Farbe hat, wird es in andere hölzerne Kübel abgeleitet, mit Kalk versetzt und mit hölzernen Schaufeln so lange gemischt, bis sich ein blauer Satz vom Wasser scheidet. Hierauf läßt man die Masse sich setzen und das Wasser davon ablaufen; die zurückbleibende Substanz, d. i. der Indigo, wird in lange leinene Beutel gegeben, durch welche die Feuchtigkeit gänzlich durchsickert. Sobald der Indigo trocken und erhärtet ist, wird er in Stücke gebrochen und verpackt.

Kurz vor meiner Abreise hatte ich durch die Vermittlung meines Reisegefährten, Herrn Lau, das Vergnügen, dem Rajah (Prinz) von Benares vorgestellt zu werden. Er wohnt in der Citadelle Ramnaghur, die am linken Ufer des Ganges oberhalb der Stadt liegt.

An dem Ufer des Ganges erwartete uns ein herrlich geschmücktes Boot, am jenseitigen Ufer ein Palankin. Bald befanden wir uns am Eingange des Palastes, deſſen Thorweg hoch und majeſtätiſch iſt. Ich hoffte im Innern durch den Anblick großer Höfe, ſchöner Bauten überraſcht zu werden, ſah aber nur unregelmäßige Höfe und kleine unſymmetriſche Gebäude ohne allen Geſchmack und Luxus. In einem der Höfe befand ſich zu ebener Erde eine einfache Säulenhalle, welche als Empfangsſaal diente. Dieſe Halle war mit europäiſchen Möbeln, mit Glasluſtres und Lampen ganz überfüllt, an den Wänden hingen erbärmliche Bildchen in Glas und Rahmen. Im Hofe wimmelte es von Dienerſchaft, die uns mit großer Aufmerkſamkeit betrachtete. Nun erſchien der Prinz in Begleitung ſeines Bruders, einiger Geſellſchafter und Diener; letztere waren von den Geſellſchaftern kaum zu unterſcheiden.

Die beiden Prinzen waren ſehr reich gekleidet: ſie hatten weite Hoſen, lange Unter= und kurze Ober=Kleider, alles von goldburchwirktem Atlas. Der Aeltere (35 Jahre alt) trug ein goldburchwirktes Seidenkäppchen, deſſen Rand mit Diamanten beſetzt war, an den Fingern hatte er einige große Brillant = Ringe, ſeine ſeidenen Schuhe waren mit ſchönen Goldſtickereien überdeckt. Sein Bruder ein Jüngling von neunzehn Jahren, den er an Kindesſtatt angenommen hatte*), trug einen weißen Turban mit,

---

*) Wenn einem Hindu kein Knabe geboren wird, nimmt er einen aus der Verwandtſchaft an Kindesſtatt an, damit dieſer bei dem Leichenbegängniſſe des Adoptiv = Vaters die Pflichten eines Sohnes erfüllt.

einer koftbaren Agraffe von Diamanten und Perlen, an
den Ohren hatte er große Perlen hängen und um die
Handgelenke reiche, schwere Armbänder. Der ältere Prinz
war ein schöner Mann mit überaus gutmüthigen und auch
geiftvollen Gesichtszügen; der jüngere gefiel mir bei
weitem weniger.

Kaum hatten wir Platz genommen, als man große,
filberne Becken mit zierlich gearbeiteten Nargilehs brachte
und uns zu rauchen einlud. Wir dankten für diesen
Hochgenuß und der Prinz rauchte allein; er machte aus
ein und demselben Nargileh immer nur einige Züge,
hierauf erfetzte ein anderes, schöneres, das so eben
gebrauchte.

Das Benehmen des Prinzen war voll Anstand und
Lebhaftigkeit, — schade, daß wir nur mittelft eines
Dolmetschers mit ihm verkehren konnten. Er ließ mich
fragen, ob ich schon einen Natsch (Festtanz) gesehen habe.
Auf meine verneinende Antwort ertheilte er sogleich den
Befehl, einen solchen aufzuführen.

Nach einer halben Stunde erschienen zwei Tänzerin=
nen (Devedassi) und drei Muſikanten. Die Tänzerinnen
waren in bunten, goldgeſtickten Mufſelin gekleidet, hatten
feidene, goldburchwirkte, weite Beinkleider an, die bis
an den Boden reichten und die unbeſchuhten Füße ganz
überdeckten. Von den Muſikanten wirbelte der eine auf
zwei kleinen Trommeln, die beiden andern ſtrichen vier=
ſaitige, unſern Violinen ähnliche Inſtrumente. Sie
ſtanden knapp hinter den Tänzerinnen und ſpielten ohne
Melodie und Harmonie; die Tänzerinnen machten dabei
ſehr lebhafte Bewegungen mit den Armen, Händen und

Fingern, weniger mit den Füßen — an letztern trugen
sie silberne Schellen, die sie zeitweise ertönen ließen. Mit
den Oberkleidern machten sie schöne, graziöse Drapirun=
gen und Figuren. Diese Aufführung währte ungefähr
eine Viertelstunde, worauf sie den Tanz mit Gesang be=
gleiteten. Die beiden Sylphiden kreischten so erbärmlich,
daß mir für mein Gehör und Nervensystem bange
wurde.

Während der Aufführung wurden uns Süßigkeiten,
Früchte und Sherbet (ein kühlendes, süßsäuerliches Ge=
tränk) geboten.

Nach Beendigung des Tanzes ließ mich der Prinz
fragen, ob ich seinen Garten zu besuchen wünschte, der
eine Meile vom Palaste entfernt läge. Ich war so in=
disfret, auch diesen Antrag anzunehmen.

In Begleitung des jungen Prinzen begaben wir uns
auf den Vorplatz des Palastes, wo schön geschmückte Ele=
phanten bereit standen. Des älteren Prinzen Leib = Ele=
phant, ein Thier von seltener Größe und Schönheit, war
für mich und Herrn Lau bestimmt. Eine scharlachrothe
Decke mit Quasten, Fransen und goldburchwirkten Bor=
ten überdeckte beinahe das ganze Thier. Auf dem breiten
Rücken war ein bequemer Sitz angebracht, den ich mit
einem Phaeton ohne Räder vergleichen möchte. Der
Elephant mußte sich zur Erde legen, eine bequeme Stufen=
leiter wurde angelehnt und Herr Lau und ich nahmen auf
dem Unthiere Platz. Hinter uns saß ein Diener, der
einen ungeheuer großen Sonnenschirm über unsere Häupter
hielt. Der Treiber saß auf dem Halse des Thieres, und

ſtach dieſes mit einem ſpitzigen Eiſenſtabe zeitweiſe zwi=
ſchen die Ohren.

Der junge Prinz, ſeine Geſellſchafter und Diener
vertheilten ſich auf die andern Elephanten. Einige Offi=
ciere zu Pferde ritten uns zur Seite, zwei Soldaten mit
gezogenem Säbel liefen dem Zuge voran, um Platz zu
ſchaffen, und mehr denn ein Dutzend Soldaten zu Fuß,
ebenfalls mit gezogenem Säbel, umgaben uns; einige
reitende Soldaten ſchloſſen den Zug.

Obwohl die Bewegung des Elephanten eben ſo er=
ſchütternd und unangenehm iſt wie jene des Kamehles, ſo
machte mir dieſe ächt indiſche Partie dennoch eine unge=
meine Freude.

An Ort und Stelle angekommen, ſchien des jungen
Prinzen ſtolzer Blick uns zu fragen, ob wir über die
Pracht des Gartens nicht höchſt entzückt wären. Unſer
Entzücken war leider nur ein erheucheltes, denn der Gar=
ten war gar zu einfach um viel Lob zu verdienen. —
Im Hintergrunde des Gartens ſtand ein etwas ruinen=
hafter königlicher Sommerpalaſt.

Als wir den Garten verlaſſen wollten, brachten uns
die Gärtner ſchön gebundene Blumenſträußchen und köſt=
liche Früchte, — eine in ganz Indien übliche Sitte.

Außerhalb des Gartens liegt ein ſehr großes Waſſer=
becken, mit ſchönen Quaderſteinen ausgelegt, breite Trep=
pen führen zu dem Waſſer, und an den Ecken ſtehen
herrliche Kioske mit ziemlich gut gearbeiteten Reliefs.

Der Rajah von Benares erhält von der engliſchen
Regierung eine jährliche Penſion von ein Lak, das iſt
100,000 Rup. Eben ſo viel ſoll er von ſeinen Ländereien

beziehen und deſſen ohngeachtet ganz verſchuldet ſein.
Die Urſachen davon ſind: der große Luxus in Klei=
dern und Schmuck, die vielen Frauen, die zahlloſe
Dienerſchaft, die Menge von Pferden, Kamehlen und
Elephanten u. ſ. w. Man erzählte mir, daß dieſer Prinz
vierzig Frauen, bei tauſend Diener und Soldaten, hun=
dert Pferde, fünfzig Kamehle und zwanzig Elephanten
beſitze. —

Am folgenden Morgen ließ ſich der Rajah erkundi=
gen, wie mir der Ausflug bekommen ſei, und ſandte
mir bei dieſer Gelegenheit Backwerk, Süßigkeiten und die
auserleſenſten Früchte, darunter Weintrauben und Granat=
äpfel, die in dieſer Jahreszeit unter die Seltenheiten
gehören, — ſie kommen von Kabul, das bei ſieben=
hundert engl. Meilen von hier entfernt iſt.

Schließlich muß ich noch bemerken, daß in dem
Palaſte, welchen der Rajah bewohnt, ſchon ſeit vielen
Jahren kein Menſch geſtorben iſt. Die Urſache hier=
von ſoll folgende ſein: „Einer der Beherrſcher dieſes
Palaſtes frug einſt einen Brahminen, was aus der Seele
desjenigen würde, der im Palaſte ſtürbe. Der Brah=
mine antwortete, ſie käme in's Himmelreich. Neunund=
neunzigmal wiederholte der Rajah dieſelbe Frage und
erhielt immer dieſelbe Antwort. Als er aber zum hun=
dertſten Male frug, da verlor der Brahmine die Geduld
und antwortete, ſie würde in einen Eſel fahren." —
Seit jener Zeit flieht Jedermann, vom Prinzen bis zum
geringſten Diener, den Palaſt, ſobald er ſich unwohl
fühlt. Keiner will nach dem Tode die Rolle fortſpielen,

die er in diesem Leben vielleicht oft schon so meisterhaft begonnen hat.

Ich hatte in Benares zweimal Gelegenheit, soge= nannte Märtyrer unter den Fakiren (eine Priesterfecte der Hindus) zu sehen. Diese Märtyrer legen sich die mannigfaltigsten Qualen auf: sie lassen sich z. B. einen eisernen Hacken durch das Fleisch stechen und bis zu einer Höhe von zwanzig bis fünfundzwanzig Fuß aufziehen; sie stehen mehrere Stunden des Tages auf einem Beine und strecken die Arme dabei in die Lüfte oder sie halten in verschiedenen Stellungen schwere Lasten oder drehen sich stundenlang im Kreise, zerfleischen ihren Körper u. s. w. Oft quälen sie sich dermaßen, daß sie dem Tod bald erliegen. Diese Märtyrer werden vom Volke noch so ziemlich ver= ehrt; jedoch gibt es heut zu Tage nur wenige mehr. Einer von den beiden, die ich sah, hielt eine schwere Hacke über den Kopf und hatte dabei die gebückte Stellung eines Arbeiters angenommen, der Holz spaltet. Ich beobachtete ihn über eine Viertelstunde, er verharrte in der gleichen Stellung so fest und ruhig, wie wenn er in Stein verwandelt gewesen wäre, — er mochte wohl schon jahrelang diese nützliche Beschäftigung geübt haben. — Der andere hielt die Fußspitze an die Nase.

Eine andere Secte dieser Fakire legt sich die Buße auf, wenig und nur die ekelhafteste Nahrung zu ge= nießen: Fleisch von gefallenem Vieh, halbverfaulte Ve= getabilien, Unrath jeder Art, ja sogar Schlamm und Erde; sie sagen, es sei ganz gleich, mit was man den Magen stopfe.

Die Fakire gehen alle so viel wie ganz entblößt,

beſtreichen ihren Körper mit Kuhdung, das Geſicht nicht
ausgenommen, und überſtreuen ſich dann mit Aſche;
Bruſt und Stirne bemalen ſie mit den Sinnbildern des
Schiwa und Viſchnu, die ſtruppigen Haare färben ſie
dunkelrothbraun. Man kann nicht leicht etwas häßlicheres
und widerlicheres ſehen als dieſe Prieſter. Sie gehen in
allen Straßen umher und predigen überall und was ihnen
einfällt; ſie ſtehen aber bei weitem nicht in der Achtung
wie die Märtyrer.

Einer der Herren, die ich in Benares kennen lernte,
war ſo gütig, mir einige Bemerkungen über die Verhältniſſe des Bauers zu der Regierung mitzutheilen. Der
Bauer hat keinen Grundbeſitz, er iſt nur Pächter. Alles
Land gehört entweder der engliſchen Regierung, der oſt-
indiſchen Compagnie oder den eingebornen Fürſten. Die
Länder werden im Großen verpachtet, die Hauptpächter
zerſtückeln ſie in kleine Partien und überlaſſen dieſe dem
Bauer. Das Schickſal des letzteren hängt gänzlich von
der Güte oder Härte des Oberpächters ab. Dieſer macht
die Preiſe des Pachtſchillings; er fordert die Summe oft
zu einer Zeit, wo die Frucht noch nicht geerndtet iſt und
der Bauer nicht zahlen kann; der Arme iſt dann gezwungen,
um den halben Preis die ungereifte Saat auf dem Felde
zu verkaufen, die der Pächter gewöhnlich unter dem
Namen eines andern an ſich zu bringen weiß. Dem unglücklichen Bauer bleibt oft kaum ſo viel, um ſich und den
Seinigen das Leben zu friſten.

Geſetze und Richter gibt es freilich im Lande, und

wie ich überall sagen hörte, sollen die Gesetze gut, die
Richter gerecht sein; aber eine andere Frage ist, ob der
Arme auch immer bis zu dem Richter gelangt. Die Di-
strikte sind groß, der Bauer kann nicht eine Reise von
siebzig bis achtzig oder noch mehr Meilen unternehmen.
Und selbst wenn er in der Nähe wohnt, bringt er nicht
immer bis zu des Richters Stuhl. Der Geschäfte sind so
viele, daß der Richter selbst sich nicht mit allen Einzelnheiten befassen kann; und gewöhnlich ist er der einzige
Europäer im Amte, — das übrige Personale besteht aus
Hindus und Mohamedanern, deren Charakter — eine
traurige Wahrheit — immer schlechter wird, je mehr sie
mit Europäern verkehren oder in Verbindung stehen.
Wenn daher der Bauer der Gerichtshalle naht, ohne eine
Gabe zu bringen, wird er gewöhnlich abgewiesen, seine
Schrift oder Klage wird nicht angenommen, nicht angehört; — und wo soll der von dem Pächter Ausgesogene
die Gabe hernehmen? Der Bauer weiß und kennt dies,
er geht daher selten klagen.

Ein Engländer (leider entfiel mir sein Name), der
Indien wissenschaftlich bereist hat, bewies, daß die Bauern
jetzt mehr zu leisten haben als früher unter ihren eingebornen Fürsten.

Auch hier in Indien unter der sogenannten „frei-
sinnigen englischen Regierung" kam ich zur traurigen
Ueberzeugung, daß die Lage des Sclaven in Brasilien
besser ist als die des freien Bauers hier. Der Sclave
dort hat für keine Bedürfnisse zu sorgen, auch wird ihm
nie zu viel Arbeit aufgebürdet, da der Nutzen des Herrn
darunter am meisten leiden würde, denn ein Sclave kostet

sieben bis achthundert Gulden und der Vortheil des Eigen=
thümers erfordert es daher, ihn gut zu behandeln, um
ihn lange zu erhalten. Daß es Fälle gibt, in welchen der
Sclave tyrannisch behandelt wird, ist nicht zu leugnen;
doch ereignet sich dies äußerst selten.

In der Umgebung von Benares wohnen mehrere
deutsche und englische Missionäre, die fleißig nach der
Stadt gehen, um da zu predigen. Bei einer dieser Missions=
anstalten ist sogar ein christliches Dörfchen, welches einige
zwanzig Hindusfamilien zählt. Dessen ohngeachtet macht
das Christenthum beinah gar keine Fortschritte*). Bei
jedem der Missionäre erkundigte ich mich angelegentlich
nach der Anzahl der Hindus oder Mohamedaner, die er
im Laufe seiner Missionszeit getauft habe, — gewöhnlich
hieß es „Keinen" — höchst selten „Einen." Die
oben erwähnten einige zwanzig getauften Familien rühren
von 1831 her, als beinahe in ganz Indien die Cholera,
das Nervenfieber, die Hungersnoth wüthete, — die
Leute starben dahin, und viele Kinder blieben elternlos
und irrten umher ohne Dach und Fach zu finden. Dieser
nahmen sich die Missionäre an und erzogen sie in der christ=
lichen Religion. Sie wurden in allen Handwerken unterrich=
tet, bekamen ihre eigenen Wohnsitze, man verheirathete sie

---

*) Der Abscheu der Indier gegen die Europäer rührt größ=
tentheils daher, weil letztere keine Ehrfurcht vor den Kühen
haben, Rindfleisch essen, Branntwein trinken, daß sie in den
Häusern, ja sogar in den Tempeln ausspucken, den Mund
mit den Fingern waschen u. s. w.; sie nennen die Europäer
„Parangi." Diese Verachtung soll dem Hindu auch die
christliche Religion verhaßt machen.

und sorgt noch jetzt für ihren Unterhalt. Die Abkömmlinge dieser Familien werden von den Missionären fortwährend unterrichtet und streng beaufsichtiget; neu Hinzu-
kommende finden sich aber leider nicht.

Ich wohnte einigen Prüfungen bei; Knaben und
Mädchen waren im Lesen, Schreiben, Rechnen, in Religion, Geographie u. s. w. ganz gut unterrichtet. Die
Mädchen machten künstliche Stickereien, sie strickten sehr
gut und nähten Weißzeug aller Art, — die Knaben
und Männer verfertigten Teppiche, Tischler=, Buchbinder=,
Buchdrucker = Arbeiten u. a. m. Der Director und Pro=
fessor dieser schönen Anstalt ist der Missionär Herr Luitpold; seine Frau hat die Oberaufsicht über die Mädchen.
Alles ist höchst sinnig und verständig eingerichtet und geleitet, — Herr und Frau L. nehmen sich mit wahrer
Christenliebe ihrer Zöglinge an. Was sind aber einige
Tröpfchen im unermeßlichen Meere! —

Allahabad, Agra und Delhi.

Von Benares fuhren wir, Herr Lau und ich, in einem Postbock *) nach Allahabad; die Entfernung beträgt 76 engl. Meilen, die man in zwölf bis dreizehn Stunden bequem zurücklegt. Am 7. Jänner 1848 Abends sechs Uhr verließen wir die heilige Stadt und am frühen Morgen befanden wir uns schon in der Nähe von Allahabad an einer langen Schiffbrücke, die hier über den Ganges führt.

Wir verließen den Postbock und ließen uns in Tragpalankinen nach dem noch eine Meile entfernten Hôtel bringen. Daselbst angekommen fanden wir es von den Officieren eines auf dem Marsche befindlichen Regimentes

---

*) „Dock" ist ein bequemer Palankin für zwei Personen, der auf Räder gesetzt und von zwei Pferden gezogen wird.

so beſetzt, daß man meinen Reiſegefährten nur unter der
Bedingung annahm, ſich mit einem Plätzchen im Speiſe=
zimmer zu begnügen. Unter dieſen Umſtänden blieb mir
nichts anderes übrig, als von einem Empfehlungsbrief
an Dr. Angus Gebrauch zu machen.

Meine Ankunft ſetzte den guten alten Herrn nicht
wenig in Verlegenheit, auch ſein Haus war bereits mit
Reiſenden überfüllt; ſeine Schweſter, Madame Spencer,
bot mir aber alſogleich mit großer Freundlichkeit die
Hälſte ihres eigenen Schlafgemaches an.

Allahabad, mit 25,000 Einwohnern, liegt theils
am Jumna (Dſchumna), theils an dem Ganges. Die
Stadt gehört nicht zu den großen und ſchönen, obwohl
ſie auch zu den heiligen Städten gezählt und von vielen
Pilgern beſucht wird. Die Europäer wohnen außerhalb
der Stadt in ſchönen Gartenhäuſern.

Unter den Merkwürdigkeiten zeichnet ſich vor allem
das Fort mit dem Palaſte aus, das unter Sultan Akbar
erbaut wurde. Es liegt an der Mündung des Jumna in
den Ganges.

Das Fort wurde von den Engländern durch neue
Werke ſehr verſtärkt, — es dient jetzt zum Hauptwaffenplatz
des britiſchen Indiens.

Der Palaſt iſt ein ziemlich gewöhnliches Gebäude,
nur einige der Säle ſind merkwürdig durch ihre innere
Eintheilung. So gibt es ſolche, die von drei Säulen=
gängen durchſchnitten ſind und drei in einander grei=
fende Arkadengänge bilden. In andern führen einige
Stufen in kleine Gemächer, die ſich in dem Saale ſelbſt
befinden und großen Theaterlogen gleichen.

Jetzt ist der Palast zur Rüstkammer verwendet, — 40,000 Mann können da vollkommen gerüstet werden, und an schwerem Geschütze fehlt es auch nicht.

In einem der Höfe steht eine sechsunddreißig Fuß hohe metallene Säule, Feroze - Schachs - Laht genannt, die sehr gut erhalten, mit Schriftzeichen ganz bedeckt ist, und auf deren Spitze ein Löwe steht.

Eine zweite Merkwürdigkeit in dem Fort ist ein ganz kleines, unbedeutendes Tempelchen, — jetzt ziemlich verfallen, — das von den Hindus für sehr heilig gehalten wird; zu ihrem größten Leidwesen dürfen sie es nicht besuchen, da das Fort für sie verschlossen ist. Einer der Officiere erzählte mir, daß vor kurzem ein sehr reicher Hindu hierher gepilgert kam und dem Festungs-Commandanten 20,000 Rup. anbieten ließ, wenn er ihm erlaubte in diesem Tempelchen seine Andacht zu verrichten. Der Commandant konnte es nicht gestatten.

Auch dieses Fort hat seine Sage: „Als Sultan Akbar den Bau anfing, stürzte sogleich jede Wand wieder ein. Ein Orakelspruch sagte, daß man mit dem Baue nicht eher zu Stande kommen werde, als bis sich ein Mann freiwillig dem Tode opfere. Ein solcher stellte sich und machte die einzige Bedingniß, daß die Festung und Stadt seinen Namen führen sollte. Der Mann hieß Brog, und von den Hindus wird noch heut zu Tage die Stadt häufiger „Brog" als Allahabad genannt."

Dem Andenken des heldenmüthigen Mannes ward ein Tempel nahe der Festung unter der Erde geweiht, wo er auch begraben liegt. Viele Pilger kommen jährlich dahin. Der Tempel ist stockfinster, man muß mit Lichtern ober Fackeln hinein gehen. Im Ganzen gleicht er einem großen, schönen Keller, dessen Decke auf vielen einfachen Steinpfeilern ruht. Die Wände sind voll Nischen, die alle von Göttern oder deren Sinnbildern bewohnt sind. Als größte Merkwürdigkeit wird ein blattloser Baum gezeigt, der in dem Tempel wuchs und sich einen Durchgang durch die Steindecke schuf.

Noch besah ich einen großen, schönen Garten, in welchem vier mohamedanische Mausoleen stehen. Das größte enthält einen Sarcophag von weißem Marmor, welcher mit hölzernen Gallerien, höchst reich und zierlich mit Perlmutter ausgelegt, umgeben ist. Hier ruht Sultan Koshru, Sohn des Jehanpuira. In zwei kleineren Sarcophagen ruhen Kinder des Sultans. Die Wände sind mit steifen Blumen und erbärmlichen Bäumen bemalt, zwischen welchen es auch Inschriften gibt.

Eine Stelle an einer der Wände ist von einem kleinen Vorhange überdeckt; der Führer schob ihn mit tiefer Andacht zur Seite und zeigte mir den Abdruck einer kolossalen flachen Hand. Er erzählte mir, daß einst ein Ur = Ur = Enkel Mohameds hierher gekommen sei, seine Andacht zu verrichten. Er war mächtig groß und schwerfällig; als er aufstand, stützte er sich an der Wand und der Abdruck der heiligen Hand blieb zurück.

Diese vier Monumente sollen über 250 Jahre zählen; sie sind von großen Quadersteinen aufgeführt und mit Arabesken, Friesen, Reliefs u. s. w. reichlich versehen. Das Grabmahl Koshru's und der Abdruck der Hand werden von den Mohamedanern sehr verehrt.

Mir gefiel der Garten besser als die Monumente,

und zwar der ungeheuern Tamarinden = Bäume
halber. Ich dachte, in Brasilien die größten gesehen zu
haben; allein hier scheint das Erdreich oder vielleicht das
Klima dieser Baumgattung noch günstiger zu sein. Nicht
nur der Garten ist voll solcher Pracht = Exemplare, auch
um die Stadt ziehen sich herrliche Alleen. Die Tama=
rinden Allahabad's werden selbst in geographischen Wer=
ken angeführt.

An einer Seite der hohen Mauer, die den Garten
umgibt, sind zwei Serai's angebaut, die sich durch hohe,
schöne Portale, Größe und zweckmäßige Einrichtung aus=
zeichnen. Es war hier außerordentlich belebt: man sah
Menschen in allen Trachten, Pferde, Ochsen, Kamehle
und Elephanten, und eine große Menge Waaren in
Kisten, Ballen und Säcken.

10. Jänner. Um drei Uhr Nachmittags verließen
wir Allahabad und setzten unsere Reise im Postdock,
kleine Unterbrechungen abgerechnet, bis Agra fort. Die
Entfernung beträgt an dreihundert engl. Meilen.

In zweiundzwanzig Stunden hatten wir Caunipoor
(150 Meil.) am Ganges erreicht, ein Städtchen, das sich
durch europäische Niederlassungen auszeichnet.

Die Reise bis hierher bot wenig Abwechslung: eine
ununterbrochene, reich bepflanzte Ebene und eine wenig
belebte Straße. Außer einigen Militärzügen begegneten
wir keinem Reisenden.

Ein Militärzug in Indien sieht einer kleinen Völker=
wanderung ähnlich, und leicht kann man sich, hat man
einen solchen gesehen, einen Begriff von den ungeheuren
Zügen der persischen oder anderer asiatischen Armeen

machen. Der größte Theil der eingebornen Soldaten ist verheirathet, eben so die Officiere (Europäer); wenn sich daher ein Regiment in Bewegung setzt, so gibt es beinahe der Weiber und Kinder so viele als der Soldaten. Weiber und Kinder reiten zu zweien bis dreien auf Pferden oder Ochsen, oder sitzen auf Karren, oder wandern zu Fuß neben her mit Bündeln auf dem Rücken. Sie haben all ihr Hab und Gut auf Karren gepackt und treiben ihre Ziegen und Kühe vor sich her. Die Officiere folgen mit ihren Familien in kleinen Zwischenräumen in europäischen Wagen, in Tragpalankin's oder zu Pferde. Ihre Zelte, Hauseinrichtung u. s. w. sind auf Kamehle und Elephanten gepackt, die gewöhnlich den Zug schließen. Die Lager werden an beiden Seiten des Weges aufgeschlagen, auf der einen Seite sind die Leute, auf der andern die Thiere.

Caunipoor ist eine starke Militär = Station mit vielen schönen Casernen; auch ist hier eine bedeutende Missionsgesellschaft. Die Stadt besitzt einige schöne Schul- und Privat = Gebäude und eine christliche Kirche in rein gothischem Style.

12. Jänner. Gegen Mittag erreichten wir das kleine Dörfchen Beura. Wir fanden hier einen Bongolo, d. i. ein Häuschen mit zwei bis vier Zimmern, die kaum mit den nöthigsten, einfachsten Möbeln versehen sind. Diese Bongolo's liegen an den Poststraßen und dienen statt der Gasthäuser. Sie sind vom Gouvernement errichtet. Eine einzelne Person zahlt für ein Zimmerchen per Tag eine Rup., eine Familie zwei Rupien. Die Bezahlung ist, ob man vierundzwanzig Stunden oder eine halbe Stunde verweilt, in den meisten Bongolo's dieselbe, nur in

wenigen begnügt man sich bei kurzen Aufenthalten mit
dem halben Preis. Bei jedem Bongolo ist ein Einge=
borner als Aufseher aufgestellt, welcher die Reisenden
bedient, für sie kocht u. s. w. Die Controle wird mittelst
eines Buches, in welches sich jeder Reisende einschreiben
muß, genau geführt. — Wenn es keine Reisenden gibt,
kann man bleiben so lange es einem gefällt, im entgegen=
gesetzten Falle aber muß man nach vierundzwanzig Stun=
den den Platz räumen.

Die Ortschaften, die an dem Wege liegen, sind
klein und sehen sehr armselig und dürftig aus. Sie sind
von hohen Lehmwänden umgeben, was ihnen den Anstrich
einer Befestigung gibt.

Am 13. Jänner, nachdem wir im Ganzen drei
Nächte und zwei und einen halben Tag gefahren waren,
erreichten wir Agra, die einstige Residenz der Groß=
Mogule Indiens.

Die Vorstädte Agra's gleichen an Armseligkeit den
elenden Dörfern: hohe Erdwälle oder Lehmwände, da=
zwischen kleine baufällige Hütten und Baraken; anders
gestaltete es sich aber, als wir durch ein stattliches Thor
fuhren — wir befanden uns plötzlich auf einem großen,
offenen Platze, der mit Mauern umgeben war und von
welchem vier hohe Thore nach der Stadt, der Festung
und den Vorstädten führten.

Agra besitzt, wie die meisten Städte Indiens, keinen
Gasthof. Ein deutscher Missionär nahm mich liebreich
auf und fügte seiner Gastfreundschaft die für mich noch
werthvollere Gefälligkeit hinzu, mir persönlich die Sehens=
würdigkeiten der Stadt und Umgebung zu zeigen.

Unſer erſter Beſuch galt dem herrlichen Mauſoleum des Sultans „Akbar" zu Secundra (vier engl. Meilen von Agra).

Schon die Eingangspforte, durch welche man in den Garten gelangt, iſt ein Meiſterwerk. Lange blieb ich bewundernd davor ſtehen. Das mächtige Gebäude liegt auf einer Steinterraſſe, auf welche breite Treppen führen, die Pforte iſt hoch und ein impoſanter Dom wölbt ſich darüber. An den vier Ecken ſtehen Minarete von weißem Marmor, drei Stockwerke hoch; leider ſind ihre oberſten Theile ſchon etwas eingeſunken. An der vordern Seite der Pforte ſieht man noch Reſte einer Steinwand, die durchbrochen gearbeitet iſt.

Das Mauſoleum ſteht mitten im Garten; es bildet ein Viereck von vier Stockwerken, die pyramidenartig nach oben ſchmäler werden. Der erſte Anblick dieſes Monumentes iſt nicht ſehr überraſchend, denn man hat die Schönheit der Eingangspforte noch zu ſehr im Gedächtniſſe; doch ſteigt die Bewunderung, je mehr man in die Einzelheiten eingeht.

Das untere Stockwerk iſt mit ſchönen Arkaden umgeben, die Gemächer ſind einfach, die Wände mit weißem, glänzenden Cement überkleidet, der den Marmor erſetzen ſoll; einige Sarcophage ſtehen darin.

Das zweite Stockwerk beſteht aus einer großen Terraſſe, die das ganze untere Gebäude überdeckt, auf ihrer Mitte erhebt ſich ein offenes, luftiges Gemach, das von Säulen getragen und mit einem leichten Dache überwölbt iſt. Viele kleine Kioske in den Ecken und Seiten der Terraſſe geben dem Ganzen ein etwas bizarres, aber geſchmackvolles

Ansehen. Die nieblichen Kuppeln der Kioske mußten einst sehr reich und glänzend gewesen sein, denn noch jetzt sieht man an vielen schöne Reste von bunten Thonglasuren und eingelegten weißen Marmorstreifen.

Das dritte Stockwerk gleicht dem zweiten.

Das vierte und oberste ist das schönste; es ist ganz von weißem Marmor, während die drei unteren nur von rothem Sandsteine sind. Breite, gedeckte Arkadengänge, deren äußere Marmorgitter unnachahmlich schön gearbeitet sind, bilden ein offenes Viereck, über das sich die schönste Decke — der blaue Himmel — wölbt. Hier steht der Sarcophag, der die Gebeine des Sultans enthält. Ueber den Bogen der Arkadengänge sind Sprüche aus dem Koran in Schriftzügen von schwarzem Marmor eingelegt.

Ich glaube, daß dieses das einzige mohamedanische Monument ist, in welchem der Sarcophag auf der Höhe des Gebäudes in einem unüberdeckten Räume steht.

Der Palast der mongolischen Sultane befindet sich in der Citadelle; er soll zu den vorzüglichsten Bauten mongolischer Architectur gehören *).

Die Festungswerke haben einen Umfang von beinahe zwei engl. Meilen und bestehen aus zwei = und dreifachen Mauern, von welchen die äußere eine Höhe von fünfund= siebenzig Fuß haben soll.

---

*) Viele der indischen Städte neuerer Zeit stammen von den Mongolen her, oder sind von ihnen so verändert worden, daß sie ihren ursprünglichen Charakter ganz verloren haben. Indien wurde schon im zehnten Jahrhundert von den Mongolen erobert.

Das Innere ist in drei Haupthöfe getheilt. In dem ersten wohnten die Garden, in dem zweiten die Officiere und hohen Beamten, in dem dritten, der die Seite gegen den Jumna einnimmt, liegen die Paläste, die Bäder, Harems und einige Gärten. In diesem Hofe ist alles von weißem Marmor. Die Wände der Zimmer in den Palästen sind mit Halbedelsteinen als: Achaten, Onixen, Jaspissen, Karniolen, Lapis = Lasolien u. f. w. mosaik= artig eingelegt; sie stellen Blumengefäße, Vögel, Ara= besken und andere Figuren dar. Zwei Gemächer ohne Fenster sind ausschließend auf den Effect der Beleuchtung berechnet. Die Wände, die gewölbten Decken sind mit Glimmerschiefer in schmalen versilberten Rähmchen aus= gelegt; Wasserfälle stürzen über Glaswände, hinter wel= chen Lichter angebracht werden können, und Wasserstrahlen steigen in Mitte der Gemächer auf. Schon ohne Be= leuchtung flimmerte und schimmerte es gar wunderbar; wie mochte es erst sein, als unzählige Lämpchen und Lichter ihren Glanz tausendfältig zurückstrahlten. — Wenn man ähnliches sieht, begreift man leicht die bilder= reichen Schilderungen der Orientalen, die Erzählungen von „Tausend und Einer Nacht." — Solche Paläste, solche Gemächer könnte man wahrlich für Zauberwerke halten.

Neben dem Palaste steht eine kleine Moschee, die ebenfalls ganz von weißem Marmor aufgeführt und reich und kunstvoll mit Arabesken, Reliefs u. f. w. ausge= stattet ist.

Bevor wir die Festung verließen, führte man uns in einen tiefen Unterraum, den ehemaligen Schauplatz der heimlichen Hinrichtungen. — Wie viel unschuldiges Blut mag da vergossen worden sein! —

Die Jumna - Moschee, von welcher Sachver= ständige behaupten, daß sie die herrliche Solimans=Moschee in Constantinopel übertreffen soll, liegt außerhalb der Festung, nahe am Jumna, auf einer hohen Steinterrasse. Sie ist aus rothem Sandstein, besitzt drei wundervolle Kuppeln und wurde von Sultan Akbar erbaut. In den Wölbungen sieht man Reste kostbarer Malereien in licht= und dunkelblauer Farbe, mit Goldstreifen durchzogen. Schade, daß diese Moschee in einem etwas zerstörten Zustande ist; hoffentlich aber wird dem bald abgeholfen sein, da die englische Regierung bereits Ausbesserungen vornehmen ließ.

Von der Moschee begaben wir uns zurück nach der Stadt, die größtentheils von Schutt umgeben ist. Die Hauptstraße „Sander" ist breit und reinlich, in der Mitte mit Quadersteinen, an den Seiten mit Ziegeln gepflastert. An die beiden Ausgänge dieser Straße schließen sich maje= stätische Stadtthore. Die Häuser der Stadt (ein bis vier Stockwerke hoch) sind fast durchgehends von rothem Sand= stein, die meisten klein, aber viele darunter mit Säulen, Pfeilern und Gallerien umgeben. Mehrere zeichnen sich durch schöne Portale aus. Die Nebengassen alle sind enge, krumm und häßlich, die Bazare unbedeutend, — in In= dien wie im Oriente muß man die kostbaren Waaren im Innern der Häuser suchen. — Einst soll die Bevölkerung dieser Stadt 800,000 Seelen betragen haben, jetzt rechnet man sie kaum auf 60,000.

Die ganze Umgebung ist voll Ruinen. Dem, der

etwas zu bauen hat, koften die Materialien nur die kleine
Mühe ſie vom Boden aufzuleſen. Manche Europäer be=
wohnen halbverfallene Ruinen, die ſie mit wenig Mühe
und Koſten in niebliche Paläſte verwandeln.

Agra iſt der Hauptſitz zweier Miſſions=Geſellſchaften,
einer katholiſchen und einer proteſtantiſchen. Sie unter=
richten hier wie in Benares die Abkömmlinge der im
Jahre 1831 aufgefundenen Kinder. Man wies mir ein
kleines Mädchen, das erſt kürzlich einer armen Mutter
um zwei Rup. abgekauft wurde.

An der Spitze der katholiſchen Miſſion ſteht ein Bi=
ſchof; der jetzige, Herr Porgi, iſt der Schöpfer einer
geſchmackvoll gebauten Kirche und eines ſchönen Wohn=
hauſes. In keiner ähnlichen Anſtalt ſah ich ſo viel Ord=
nung und die Eingebornen ſo gut gehalten wie hier. Des
Sonntags nach den Betſtunden unterhalten ſie ſich mit
anſtändigen, munteren Spielen, während die in den pro=
teſtantiſchen Anſtalten, nachdem ſie die ganze Woche ge=
arbeitet haben, des Sonntags den ganzen Tag beten müſſen
und zu ihrem Vergnügen höchſtens einige Stunden mit
ruhiger, ernſter Miene vor den Hausthüren ſitzen dürfen.
Wenn man in dieſem Lande unter ächten Proteſtanten
einen Sonntag zubringt, ſo ſollte man wahrlich glauben,
Gott der Allgütige habe den Menſchen auch die un=
ſchuldigſte Unterhaltung verſagt.

Dieſe beiden gottgeweihten Geſellſchaften ſtehen
ſich leider etwas ſchroff entgegen und bekritteln und
verfolgen jede geringe Abweichung, wodurch ſie den um
ſie lebenden Eingebornen gerade kein ſehr gutes Bei=
ſpiel geben.

Mein letzter Besuch galt dem bewunderten Kleinode Agra's, ja ganz Indiens, dem weltberühmten Taj-Mahal (Tatsch = Mahal).

Ich hatte in einem Buche gelesen, daß man dieses Monument zuletzt besuchen solle, da man, wenn man es gesehen habe, die andern nicht mehr bewundern könne. — Kapitän Elliot sagt: „Es ist schwer eine Beschreibung „dieses Monumentes zu geben; der Bau ist voll Kraft „und Eleganz."

Taj-Mahal wurde von dem Sultan Jehoe (Dschehoe) dem Andenken seiner Favoritin Muntäza = Zemani errichtet. Der Bau soll 750,000 Pf. Sterling gekostet haben. Eigentlich ist des Sultans Andenken durch diesen Bau mehr verewigt worden, als jenes der Favoritin, denn Jeder, der dieses Werk sieht, wird unwillkürlich nach dem Namen des Herrschers fragen, unter dessen Machtspruche es hervorging. Die Namen der Architecten und Baumeister gingen leider verloren. Manche wollen es italienischen Meistern zuschreiben; wenn man aber so viel andere vollkommene Werke mohamedanischer Baukunst sieht, müßte man ihr entweder alle absprechen, oder auch dieses zuerkennen.

Das Monument steht mitten in einem Garten, auf einer zwölf Fuß hohen, freistehenden Terrasse von rothen Sandsteinen. Es stellt eine Moschee vor, bildet ein Achteck mit hochgewölbten Bogengängen und ist sammt den vier Minareten, die an den Ecken der Terrassen stehen, ganz aus weißem Marmor erbaut. Die Hauptkuppel erhebt sich zur Höhe von zweihundert sechzig Fuß und ist von vier kleineren Kuppeln umgeben. Ringsherum an den

Außenseiten der Moschee sind Sprüche aus dem Koran in Schriftzügen von schwarzem Marmor eingelegt.

In dem Hauptgemache stehen zwei Sarcophage, wovon der eine die Reste der Favoritin, der andere die des Sultans enthält. Die untern Theile der Wände dieses Gemaches, so wie die beiden Sarcophage sind mit kostbarer Mosaik in den schönsten Halbedelsteinen ausgelegt. Ein großes Kunstwerk ist ein Marmorgitter von sechs Fuß Höhe, das die beiden Sarcophage umgibt: es besteht aus acht Theilen oder Wänden, die alle so zart, fein und durchbrochen gearbeitet sind, daß man glaubt, sie seien aus Elfenbein gedrechselt. Die niedlichen Säulen, die schmalen Gesimse sind ebenfalls oben und unten mit Halbedelsteinen ausgelegt; man wies uns darunter den sogenannten „Goldstein", der eine vollkommen goldgelbe Farbe hat, und sehr kostbar sein soll, ja kostbarer als Lapis - Lasoli.

Zwei Eingangspforten und zwei Moscheen stehen in geringer Entfernung des Taj - Mahal; sie sind von rothem Sandstein und weißem Marmor. — Stünden sie allein, so würde man jedes als Meisterwerk betrachten; so aber verlieren sie durch die Nähe des Taj - Mahal, von welchem ein Reisender mit vollem Rechte sagt: „Er ist zu rein, zu heilig, zu vollkommen um von Menschenhänden geschaffen zu sein, — Engel müssen ihn vom Himmel gebracht haben, und einen Glassturz sollte man darüber decken, um es gegen jeden Hauch, gegen jeden Luftzug zu schirmen." —

Dieses Mausoleum, obwohl es schon über 250 Jahre

steht, ist so vollkommen erhalten, als ob es erst beendet worden wäre. —

Manche Reisende behaupten, daß der Taj-Mahal bei Mondbeleuchtung einen zauberhaften Effect hervorbringe. Ich sah ihn bei vollem Mondscheine, war aber so wenig entzückt davon, daß ich es sehr bereute durch diesen Anblick den ersten Eindruck etwas geschwächt zu haben. Bei alten Ruinen oder gothischen Gebäuden macht die Mondbeleuchtung einen magischen Effect; nicht so bei einem Monumente, das ganz aus weißem, glänzendem Marmor besteht. Letzteres verschwimmt bei Mondbeleuchtung in unsichere Massen und erscheint theilweise wie mit zartem Schnee überdeckt. Jener, der dies zuerst von dem Taj-Mahal behauptete, hat ihn vielleicht in einer Gesellschaft besucht, die ihn so sehr entzückte, daß er alles um sich herum himmlisch und überirdisch fand; und andere mögen es bequemer gefunden haben, statt selbst zu prüfen, das zu wiederholen was ihre Vorgänger behauptet haben.

———

Einer der interessantesten Ausflüge meiner ganzen Reise war der nach der Ruinen-Stadt „Fattipoor-Sikri," die achtzehn engl. Meilen von Agra entfernt liegt und einen Umfang von sechs engl. Meilen hat.

Wir fuhren dahin und hatten unterlegte Pferde bestellt, um die Partie in einem Tage machen zu können.

Der Weg führt zeitweise durch ausgedehnte Haiden; in einer derselben sahen wir eine kleine Heerde Antilopen. — Die Antilopen, eine Art Rehe, sind etwas

kleiner als diese, äußerst zart und nieblich gebaut und
längs des Rückens mit schmalen, dunkelbraunen Streifen
gezeichnet. Sie setzten ohne große Scheu vor uns über
die Straße, über Gräben und Gebüsche, machten Sprünge
von mehr denn zwanzig Fuß und dabei waren ihre Bewegungen so anmuthig, daß es schien als ob sie durch
die Luft tanzten. Nicht minder erfreute mich der Anblick
eines wilden Pfauenpaares. Es gewährt ein ganz eigenthümliches Vergnügen, Thiere im freien Zustande zu
sehen, die wir Europäer gewohnt sind als Seltenheiten
gleich den exotischen Gewächsen in Käfigen und andern
engen Räumen zu bewahren.

Der Pfau ist hier im Naturzustande etwas größer
als ich ihn in Europa sah; auch kam mir das Farbenspiel,
der Glanz des Gefieders schöner und lebhafter vor.

Dieser Vogel wird von dem Indier beinahe so heilig
gehalten wie die Kuh. Die Thiere scheinen diese Humanität ordentlich zu verstehen, denn man sieht sie wie das
Hausgeflügel in den Dörfern herum spazieren oder auf
den Dächern gemächlich der Ruhe pflegen. In manchen
Gegenden sind die Indier für diese Thiere so eingenommen, daß es kein Europäer wagen dürfte, nach ihnen zu
schießen, ohne sich den größten Beleibigungen auszusetzen.
Erst vor vier Monaten fielen zwei englische Soldaten als
Opfer dieser Nichtachtung der hindostanischen Gebräuche.
Sie tödteten einige Pfauen, das Volk fiel wuthentbrannt
über die Mörder und mißhandelte sie dermaßen, daß sie
kurze Zeit darnach starben.

Fattipoor - Sikri liegt auf einem Hügel, man sieht
daher die Festungsmauern, die Moscheen und andere

Gebäude schon von ferne. Die Ruinen beginnen schon eine kleine Strecke außerhalb des Walles; an beiden Seiten des Weges liegen Reste von Häusern oder einzelnen Gemächern, Fragmente schöner Säulen u. s. w. Mit großem Bedauern sah ich die Eingebornen viele derselben behauen und zu Baumaterialien für ihre Häuser bearbeiten.

Ueber Gerölle und Trümmer ging es durch drei schöne Thore in die Festung und Stadt. Der Anblick den man hier hat, ist viel ergreifender als jener zu Pompeji bei Neapel. Dort ist zwar auch alles zerstört, aber es ist eine andere, eine geordnete Zerstörung, — — Gassen und Plätze sehen so reinlich aus, als wären sie gestern erst verlassen worden. Häuser, Paläste und Tempel sind vom Schutte gesäubert, — ja die Geleise der Wagen sind sogar unversehrt geblieben. Auch liegt Pompeji in einer Ebene, man übersieht es nicht mit e i n e m Blicke und seine Ausdehnung ist kaum halb so groß, wie die Sikri's; die Häuser sind kleiner, die Paläste nicht so zahlreich und bescheidener in Pracht und Größe. Hier aber liegt ein großer, weiter Raum aufgedeckt, überfüllt mit Prachtgebäuden, mit Moscheen und Kiosken, mit Palästen, Säulenhallen und Arkaden, mit Allem was die Kunst zu schaffen vermochte, und kein einziges Stück entging unversehrt der nagenden Zeit, Alles zerfiel in Trümmer und Schutt. Man kann sich des Gedankens eines fürchterlichen Erdbebens kaum erwehren, und doch ist es kaum mehr als zweihundert Jahre, daß die Stadt noch in Pracht und Reichthum erglänzte. Freilich war sie nicht von schützender Asche überdeckt wie Pompeji, sondern

lag frei und offen allen Stürmen und Gewittern ausge=
setzt. Wehmuth und Erstaunen wuchs bei jedem Schritte,
den ich vorwärts that — Wehmuth über den schrecklichen
Verfall, Erstaunen über die noch sichtbare Pracht, über
die Anhäufung von großartigen Gebäuden, über die herr=
lichen Sculpturen und die reiche Ausschmückung. Ich sah
Gebäude, deren Innen= und Außenseiten mit Sculpturen
so überdeckt waren, daß auch nicht der kleinste Raum leer
blieb. Die Hauptmoschee übertrifft an Größe und kunst=
vollem Bau noch die Jumna=Moschee in Agra. Die Ein=
gangspforte in den Vorhof soll die höchste der Welt sein;
die innere Wölbung des Thores mißt zweiundsiebenzig
Fuß, die Höhe des Ganzen beträgt hundert und vierzig
Fuß. Der Vorhof der Moschee gehört ebenfalls zu den
größten, seine Länge beträgt vierhundert sechsunddreißig,
die Breite vierhundert acht Fuß; er ist mit schönen Arka=
bengängen und kleinen Zellen umgeben. Dieser Vorhof
wurde beinahe für so heilig gehalten wie die Moschee
selbst, und zwar weil an einer Stelle desselben Sultan
Akbar „der Gerechte" seine Andacht zu verrichten
pflegte *). Nach seinem Tode wurde diese Stelle durch
eine Art Altar bezeichnet, der in weißem Marmor wun=
dervoll ausgearbeitet ist.

Die Moschee selbst, im Style der Jumna = Moschee

---

*) Akbar, der vortrefflichste Fürst seiner Zeit nicht nur in
  Indien, sondern in ganz Asien, wurde im Jahre 1542
  geboren und bestieg schon im vierzehnten Jahre den Thron
  Seiner ausgezeichneten Güte und Gerechtigkeit, so wie
  seines großen Verstandes wegen wurde er fast abgöttisch
  verehrt und geliebt.

erbaut, hat wie jene drei mächtige Dome. Das Innere
ist voll von Sarcophagen, in welchen entweder Ver=
wandte oder bevorzugte Minister des Sultans Akbar
liegen. Auch in einem Nebenhofe fehlt es nicht an ähn=
lichen Grabmälern.

In der Halle der Gerechtigkeit, Dewanaum,
brachte Sultan Akbar täglich mehrere Stunden zu, er=
theilte darin dem geringsten wie dem vornehmsten seiner
Unterthanen Audienz. Eine in der Mitte der Halle
freistehende, oben abgeplattete Säule bildete den Divan
des Kaisers. Die Säule, deren Kapitol wundervoll
ausgehauen ist, wird nach oben zu breiter und ist von
einer fußhohen schön gearbeiteten Steingallerie umgeben.
Von dem Divan führten vier breite Steingänge oder
Brückchen in die anstoßenden Gemächer des Palastes.

Des Sultans Paläste zeichnen sich weniger durch
besondere Größe als durch Sculpturen, Säulen u. dgl.
aus. Alle sind reich, ja man könnte sagen, überreich
damit versehen.

Weniger fand ich an dem berühmten Elephanten=
Thore zu bewundern. Das Thor ist zwar hochgewölbt,
doch nicht so hoch als die Eingangspforte in den Vorhof
der Moschee; die beiden Elephanten davor, die vollkom=
men kunstgerecht in Stein ausgehauen waren, sind so
sehr verfallen, daß man kaum mehr erkennt, was sie
vorstellen.

Besser erhalten ist der sogenannte Elephanten=
Thurm, von welchem einige Beschreibungen erzählen,
daß er nur allein aus Elephantenzähnen zusammen ge=
setzt sei, und noch dazu blos aus den Zähnen jener

Elephanten, die unter Akbar dem Feinde entrungen oder vom Sultan auf Jagden erlegt worden seien. Dies ist aber nicht der Fall; der Thurm, bei sechzig Fuß hoch, ist von Steinen aufgemauert und die Zähne sind von oben bis unten daran befestigt, so daß sie gleich Stacheln davon abstehen.

Akbar soll häufig auf der Spitze dieses Thurmes gesessen und nach Vögeln geschossen haben.

Alle Gebäude, selbst der mächtig große und lange Wall, sind von rothem Sandstein, aber nicht, wie ebenfalls Viele behaupten, von rothem Marmor, erbaut.

In den Spalten und Löchern der Gebäude haben viele hunderte kleiner, grüner Papageien ihre Nester aufgeschlagen.

Am 19. Jänner verließ ich, und zwar abermals in Gesellschaft Herrn Lau's, die berühmte Stadt Agra, um die noch berühmtere Stadt Delhi zu besuchen, die 122 engl. Meilen von Agra entfernt ist. Auch bis Delhi führt eine herrliche Poststraße.

Die Gegend zwischen Agra und Delhi bleibt ziemlich unverändert; weit und breit ist kein Hügelchen zu erspähen; angebautes Land wechselt mit Haide- und Sandstrecken und die erbärmlichen Dörfchen oder Städtchen, die am Wege liegen, erregten durchaus keinen Wunsch in uns, die Fahrt auch nur auf Augenblicke zu unterbrechen.

In der Nähe des Städtchens Gassinager führt eine lange, schöne Kettenbrücke über den Jumna.

Am 20. Jänner Nachmittags vier Uhr trafen wir in Delhi ein. Ich fand hier an Dr. Sprenger einen gar lieben und freundlichen Landsmann. Hr. Dr. Sprenger, ein geborner Tyroler, hat sich durch seine ausgezeichneten Fähigkeiten und Kenntnisse nicht nur unter den Engländern, sondern in der ganzen gelehrten Welt einen bedeutenden Ruf erworben. Er ist als Direktor des hiesigen Studien = Collegiums angestellt und erhielt vor Kurzem von der englischen Regierung die Aufforderung, nach Luknau zu gehen, um die dortige Bibliothek des indischen Königs von Luknau zu untersuchen, die werthvollen Werke bekannt zu machen und das Ganze zu ordnen. Der Sanskrit =, der alt = und neupersischen, der türkischen, arabischen und hindostanischen Sprache vollkommen mächtig, liefert er die schwierigsten Uebersetzungen von diesen in die englische und deutsche Sprache. Er beschenkte die Literatur bereits mit werthvollen und geistreichen Aufsätzen und wird noch viel des Interessanten liefern, da er äußerst thätig und ein Mann von kaum vierunddreißig Jahren ist.

Obwohl die Abreise Herrn Sprenger's nach Luknau ganz nahe war, so hatte er nichts desto weniger die für mich unschätzbare Güte, meinen Mentor zu machen.

Wir fingen mit der großen Kaiserstadt Delhi an, mit jener Stadt, auf welche einst alle Blicke nicht nur Indiens, sondern fast ganz Asiens gerichtet waren. Sie war ihrer Zeit für Indien was Athen für Griechenland, Rom für Europa. Auch jetzt theilt sie deren Geschick, — sie hat von all ihrer Größe nur den Namen behalten.

Das jetzige Delhi wird Neu = Delhi genannt, obwohl es schon seit zwei Jahrhunderten steht; es ist eine Fortsetzung der alten Städte, deren es sieben gegeben haben

soll und von welchen jede Delhi hieß. So oft nämlich
die Paläste, Festungsmauern, Moscheen u. s. w. baufällig
wurden, ließ man sie in Ruinen zerfallen und führte neue
Bauten neben den alten auf. Auf diese Art häuften sich
hier Ruinen über Ruinen, welche über sechs engl. Meilen
in der Breite und achtzehn in der Länge einnehmen sollen.
Wenn nicht schon ein großer Theil davon mit einer dünnen
Erdschichte überdeckt wäre, würden diese Ruinen gewiß
die ausgebreitesten der Welt sein.

Neu = Delhi liegt am Jumna; es hat nach Brückners
Erdbeschreibung eine Bevölkerung von 500,000 Seelen*);
soll aber in Wirklichkeit nur wenig über 100,000 zählen,
darunter hundert Europäer. Die Straßen sind so breit
und schön, wie ich deren noch in keiner indischen Stadt
gesehen habe. Die Hauptstraße, Tschandni - Tschauk,
würde jeder europäischen Stadt Ehre machen: sie ist bei
drei Viertel engl. Meilen lang und an hundert Fuß breit;
ein schmaler, wasserarmer, halb verschütteter Kanal durch=
schneidet sie der Länge nach. Die Häuser in der Haupt=
straße zeichnen sich weder durch Größe noch Pracht aus,
sie sind höchstens stockhoch und unten mit erbärmlichen Vor=
dächern oder Arkaden versehen, unter welchen werthlose
Waaren ausgestellt sind. Von den kostbaren Waaren-
lagern, von den vielen Edelsteinen, die des Abends bei
Lampen und Lichtern, wie viele Reisende erzählen, so
unvergleichlich schimmern sollen, sah ich nichts. Die
hübschen Häuser und die reichen Waarenlager muß man
in den am Bazar gelegenen Seitengassen suchen. Die

---

*) Zur Zeit der höchsten Blüthe hatte es zwei Millionen.

Kunstprodukte, welche ich da sah, bestanden in Gold-
und Silberarbeiten, in Goldstoffen und Shawlen. Die
Gold- und Silberwaaren verfertigen die Eingebornen so
geschmack- und kunstvoll, daß man sie in Paris nicht
schöner finden kann. Die goldgewobenen Stoffe, die
Gold- und Seidenstickereien auf Stoffen und Kaschmir-
Shawlen sind höchst vollkommen. Die feinsten Kaschmir-
Shawle kosten hier an Ort und Stelle bis vier tausend
Rupien. Noch viel mehr ist die Geschicklichkeit der Hand-
werker zu bewundern, wenn man sieht, mit welch einfachen Mitteln und Werkzeugen sie all die Kunstwerke
hervor zu bringen verstehen.

Aeußerst interessant ist es, sich des Abends in den
Hauptstraßen Delhi's umher zu treiben. Da sieht man
so recht das Leben und Treiben der indischen Großen und
Reichen. In keiner Stadt gibt es so viele Prinzen und
Vornehme wie hier. Außer dem pensionirten Kaiser
sammt seinen Verwandten, deren Zahl sich auf mehrere
Tausend belaufen soll, leben noch andere abgesetzte
pensionirte Regenten und Minister hier. Diese bringen
viel Leben in die Stadt; sie zeigen sich gerne öffentlich,
veranstalten häufig größere und kleinere Partien, reiten
(stets auf Elephanten) entweder in nahe Gärten oder des
Abends in den Straßen auf und nieder. Bei Tagespar-
tien sind die Elephanten auf das kostbarste mit Teppichen
und schönen Stoffen, mit Goldtressen und Trobbeln geschmückt, die Sitze, Hauda genannt, sind sogar mit
Kaschmir-Shawls ausgelegt, reichverbrämte Baldachine
schützen gegen die Sonne, oder Diener halten ungeheure
Schirme aufgespannt. Die Prinzen und Vornehmen sitzen

zu zwei bis vier in solch einer Hauda und sind sehr reich orientalisch gekleidet. Diese Züge gewähren den schönsten Anblick: und sind noch größer und reicher als jener des Raja von Benares, den ich beschrieb. Ein Zug besteht oft aus einem Dutzend oder mehr Elephanten, und fünfzig bis sechzig Soldaten zu Fuß und zu Pferde, aus eben so viel Dienern u. dgl. Des Abends dagegen machen diese Herren ihre Partien mit wenig Pomp, — ein Elephant nebst einigen Dienern genügt ihnen; sie reiten in den Gassen auf und nieder und cokettiren mit Mädchen einer gewissen Klasse, die in großem Putze mit unverschleierten Gesichtern an offenen Fenstern oder Gallerien sitzen. An= bere tummeln edle arabische Rosse, deren stolzes Ansehen durch goldgestickte Decken, durch das mit Silber eingelegte Zaumwerk, noch mehr gesteigert wird. Dazwischen schrei= ten bedächtig hochbeladene Kamehle, von weit entfernten Gegenden kommend, und auch an Baili's fehlt es nicht, die mit prachtvollen weißen Buckelochsen (Bison) bespannt sind, deren sich die minder Reichen oder die obgenannten Mädchen bedienen. Die Baili's, so wie die Ochsen, sind mit scharlachrothen Decken überhangen; die Thiere haben die Hörner und die untere Hälfte der Füße mit brauner Farbe bemalt und um den Hals ein schönes Band, an welchem Schellen oder Glocken befestigt sind. Die nied= lichsten Mädchen gucken höchst bescheiden aus den halb= geöffneten Baili's. Wüßte man nicht, zu welcher Klasse in Indien unverschleierte Mädchen gehören, so würde man, ihrem Benehmen nach, gewiß nicht ihren Stand erkennen. Leider soll es dieser Geschöpfe in Indien mehr als in irgend einem Lande geben; die Haupturfache hiervon ist ein widernatürliches Gesetz, ein empörender Gebrauch. Die Mädchen jeder Familie werden gewöhnlich als Kinder von einigen Monaten verlobt; wenn nun der Bräutigam zufällig gleich nach der Verlobung oder auch später stirbt, wird das Kind oder Mädchen als Witwe betrachtet und darf als solche nicht mehr heirathen. Sie werden dann gewöhnlich Tänzerinnen. — Der Witwenstand wird für ein großes Unglück angesehen, weil man glaubt, daß nur jene Weiber in diesen Zustand versetzt werden, die es in einem vorhergehenden Leben verdient hätten. Der Indier darf nur ein Mädchen aus seinem Stamme heirathen.

Zu all den beschriebenen Sehenswürdigkeiten auf den Straßen gehören noch die Gaukler, Taschenspieler und Schlangenbändiger, die sich überall herumtreiben und stets von Haufen Neugieriger umgeben sind.

Von Gauklern sah ich einige Stücke, die mir wirklich unbegreiflich schienen. Sie spien Feuer aus dem Munde, wobei auch Rauch hervorging; sie mengten weißes, rothes, gelbes und blaues Pulver durcheinander, verschluckten es, und spien gleich darauf jedes trocken, in abgesonderter Farbe aus; sie schlugen die Augen nieder und als sie selbe wieder erhoben, erschien der Augenstern wie von Gold, dann neigten sie den Kopf vor und als sie ihn erhoben, hatte der Augenstern seine natürliche Farbe, dagegen waren die Zähne von Gold. Andere machten sich eine kleine Oeffnung in die Haut am Körper und zogen daraus viele, viele Ellen Zwirn, Seidefaden und schmale Bändchen heraus. Die Schlangenbezähmer hielten die Thiere am Schwanze und ließen sich selbe um Arme, Hals und Körper winden, — sie faßten große

Scorpionen an und ließen sie über die Hand kriechen.
Auch einige Kämpfe sah ich zwischen großen Schlangen
und Ichneumons. Dieses Thierchen, wenig größer als
ein Wiesel, lebt bekanntlich von Schlangen und von den
Eiern der Crocodile, — erstere weiß es so geschickt am
Nacken zu fassen, daß sie stets unterliegen; die Eier der
Crocodile saugt es aus.

Am Ende der Hauptstraße liegt der kaiserliche Palast,
der zu einem der schönsten Gebäude Asiens gerechnet wird.
Er nimmt mit seinen Nebengebäuden über zwei engl.
Meilen ein und ist mit einem vierzig Fuß hohen Walle
umgeben.

Einen schönen Anblick gewährt am Haupteingange
die Perspective durch mehrere aufeinander folgende Thore,
die weit im Hintergrunde durch eine niedliche Halle geschlossen wird. Diese Halle ist klein, von weißem Marmor und mit Halbedelsteinen eingelegt, die Decke ist mit
Marienglas überwölbt, auf welches kleine Sternchen gemalt sind. Leider wird sie bald um all ihren schimmern-
den Glanz kommen, denn der größte Theil des Glases ist
bereits herausgefallen und der andere wird bald nach-
folgen. Im Hintergrunde der Halle befindet sich eine
Thüre von vergoldetem Metall, die mit eingeäzten Zeichnungen herrlich verziert ist. In dieser Halle pflegt sich
der Ermonarch dem Volke zu zeigen, das noch manchmal
aus angewohnter Achtung oder aus Neugierde den Palast
besucht, — auch die Besuche von Europäern empfängt
er hier.

Die schönsten Theile des kaiserlichen Palastes sind
der von jedermann bewunderte, prächtige Audienzsaal

(Divan) und die Moschee. Ersterer steht in der Mitte
eines freien Hofraumes, bildet ein längliches Viereck,
dessen Decke von dreißig Säulen getragen wird und ist
von allen Seiten offen; einige Stufen führen zu ihm
hinauf und eine zwei Fuß hohe, nieblich gearbeitete Mar-
morgallerie umgibt ihn.

Der jetzige Großmogul hat so wenig Sinn für Schön=
heit, daß er diesen Divan durch eine ganz erbärmliche
Breterwand in zwei Theile theilen ließ. Eine ähnliche
Wand schließt sich —. zu welchem Zwecke konnte ich nicht
errathen — vorne an beiden Seiten des Saales an und
somit kann man von ihm sagen, daß er ganz in Breter
eingerahmt ist. Ein großer Schatz befindet sich in diesem
Divan: der größte Krystall der Welt. Es ist dieß ein
Block von ungefähr vier Fuß Länge, zwei ein halb Fuß
Breite und ein Fuß Dicke *); er ist sehr durchsichtig.
Dieses Cabinetstück diente den Kaisern als Thron oder
Sitz im Divan. Jetzt ist es hinter der graziösen Breter=
wand verborgen und wenn ich nicht aus Büchern seine
Existenz gewußt und es zu sehen begehrt hätte, würde
man es mir gar nicht gezeigt haben.

Die Moschee ist zwar klein, aber gleich dem Ge=
richtssaal von weißem Marmor mit schönen Säulen und
Sculpturen.

Unmittelbar an die Moschee schließt sich der Garten
„Schalinar“ an, der einst zu den schönsten in Indien ge=
hört haben soll, jetzt aber ganz im Verfalle ist.

---

*) Einige Schriftsteller geben diesen Krystall = Koloß gar auf
fünfundzwanzig Fuß Länge an.

In den Höfen lag viel Schmutz und Unrath, die Gebäude glichen halben Ruinen und erbärmliche Baracken stützten sich an schadhafte Mauern. Der kaiserlichen Residenz wegen wäre es sehr nöthig, bald wieder ein neues Delhi zu erbauen; dagegen fehlt es nicht an Beweglichkeit.

Schon bei meinem Eintritte in den Palast hatte ich in einem der Höfe einen Kreis von Menschen versammelt gesehen. Eine Stunde später, als wir von der Besichtigung des Palastes zurückkamen, saßen sie noch beisammen. Wir traten näher um zu sehen was ihre Aufmerksamkeit so sehr feßle: es waren einige Dutzend gezähmter Vögelchen, die auf Stangen saßen und den Wärtern das Futter aus den Händen nahmen oder sich darum streiten mußten. Die Zuseher waren, wie man uns sagte, fast durchgehends Prinzen. Mehrere saßen auf Stühlen, andere standen in Gemeinschaft mit ihrem Gefolge darneben. In ihrem Hausanzuge unterscheiden sich die Prinzen von ihrer Dienerschaft sehr wenig, auch an Bildung und Kenntnissen sollen sie wenig vor ihnen voraus haben.

Eine nicht viel bessere Spielerei belustigt den Kaiser; es ist dies sein Militär, das aus Knaben von acht bis vierzehn Jahren besteht. Sie tragen erbärmliche Uniformen, die an Schnitt und Farbe den englischen gleichen; ihre Exercitien werden theils von alten Officieren, theils von Knaben geleitet. Ich bedauerte die junge Kriegerschaar von Herzen und begriff kaum, wie es ihnen möglich war die schweren Gewehre und Fahnen zu handhaben. Für gewöhnlich sitzt der Monarch täglich einige Stunden in der kleinen Empfangshalle und unterhält sich an den

Maneuvres seiner jungen Krieger. Bei dieser Gelegenheit
ist es auch am leichtesten Sr. Majestät vorgestellt zu werden. Der fünfundachtzigjährige Greis war aber gerade
unwohl und so wurde mir das Glück nicht zu Theil, ihn
zu sehen.

Der Kaiser bezieht von der englischen Regierung
eine jährliche Pension von 14 Luk (1,400,000 Rupien).
Die Einkünfte seiner Grundbesitzungen betragen die Hälfte;
jedoch mit alledem kommt er so wenig aus wie der Raja
von Benares. — Er hat eine zu große Menge Menschen
zu erhalten — allein über dreihundert Abkömmlinge der
kaiserl. Linie, über hundert Frauen und mehr denn zwei-
tausend Dienstleute. Rechnet man dazu die vielen Elephanten, Kamehle, Pferde u. s. w., so wird man leicht
begreifen, daß seine Kasse immer leer ist.

Jeden ersten des Monats erhält der Monarch seine
Pension, die unter dem Schutze des englischen Militärs
an die Kasse gebracht werden muß, da sie sonst von den
Gläubigern gestürmt würde.

Der Kaiser soll sehr darauf bedacht sein, seine Einkünfte auf verschiedene Weise zu steigern. So ertheilt er
z. B. Ehrenstellen und Aemter, für welche er sich bedeutende Summen Geldes geben läßt. Und — sollte man es
glauben! — stets finden sich Narren genug, die für dergleichen Albernheiten Geld ausgeben. Eltern kaufen sogar
Officiersstellen für ihre Knaben. Der jetzige Commandant der kaiserl. Truppen zählt kaum zehn Jahre. Das
Merkwürdigste aber ist, daß der Vezier (Minister), der
des Kaisers Einnahmen und Ausgaben besorgt, nicht nur
keinen Gehalt bezieht, sondern dem Kaiser für diese Stelle

noch jährlich 10,000 Rup. gibt. — Was mögen da für Summen unterschlagen werden! —

Der Kaiser gibt in seinem Palaste eine eigene Zeitung heraus, die im höchsten Grade lächerlich und komisch ist. Da wird nichts von Politik oder auswärtigen Begebenheiten verhandelt, sondern ausschließend von den häuslichen Vorfällen, Gesprächen und Verhältnissen. So meldet das Blatt z. B. „daß des Sultans Gemahlin A. der „Waschfrau B. drei Rup. schulde und die Waschfrau heute „oder gestern gekommen sei, die Schuld einzufordern; die „hohe Frau habe zum kaiserlichen Gemahl gesandt, sich „diese Summe zu erbitten. Der Kaiser habe sie an den „Schatzmeister gewiesen, dieser habe aber versichert, daß, „da der Monat zu Ende gehe, er über keinen Heller mehr „befehlen könne; die Waschfrau sei daher auf den nächsten „Monat zu verweisen." — Oder: „Der Prinz C. besuchte „zu dieser und jener Stunde den Prinzen D. oder F., er „wurde in diesem oder jenem Zimmer empfangen, ver„weilte so und so lange, — das Gespräch handelte von „diesem oder jenem Gegenstande" u. s. w.

Unter den übrigen Palästen der Stadt ist jener, in welchem sich das Collegium befindet, einer der schönsten. Er ist in italienischem Style erbaut, wahrhaft majestätisch, die Säulen sind von seltner Höhe, der Treppenaufgang (halbes Erdgeschoß), die Säle und Zimmer sehr groß und hoch. Ein schöner Garten umgibt die hintere Seite des Palastes, ein großer Hof die Vorderseite und eine hohe Festungsmauer das Ganze. — Dr. Sprenger, als Director des Collegiums, hat darin eine wahrhaft fürstliche Wohnung zu seiner Benützung.

Der Palast der Fürstin Bigem, halb im italienischen, halb im mongolischen Style, ist ziemlich groß und zeichnet sich durch seine vorzüglich schönen Säle aus. Ein hübscher, bisher noch gut unterhaltener Garten umgibt ihn von allen Seiten.

Die Fürstin Bigem machte zur Zeit als Delhi noch nicht unter englische Herrschaft gehörte, durch ihren Verstand, ihren Unternehmungsgeist und ihre Tapferkeit viel Aufsehen. Sie war von Geburt eine Hindu, lernte in ihrer Jugend einen Deutschen, Herrn Sombar, kennen, in welchen sie sich verliebte und ging zur christlichen Religion über, um ihn zu heirathen. Herr Sombar bildete aus Eingebornen einige Regimenter, die er, als sie gut eingeübt waren, dem Kaiser zuführte. In der Folge wußte er sich so sehr in die Gunst des Kaisers zu setzen, daß dieser ihn mit großen Gütern beschenkte und zum Fürsten erhob. Seine Frau soll ihm in Allem kräftig zur Seite gestanden haben. Nach seinem Tode wurde sie zur Befehlshaberin der Regimenter ernannt, welche Stelle sie mehrere Jahre höchst ehrenvoll bekleidete. — Sie starb erst kürzlich in einem Alter von achtzig Jahren.

Von den zahlreichen Moscheen Neu-Delhi's besah ich nur zwei, die Moschee Roshun-ud-dawla und die Jumna-Moschee. Erstere liegt in der Hauptstraße; ihre Spitzen und Kuppeln sind ächt vergoldet. Sie wurde durch die Grausamkeit Schach Nadir's berühmt. Dieser ausgezeichnete, aber fürchterlich grausame Monarch ließ, als er Delhi im Jahre 1739 eroberte, 100,000 der Einwohner niederhauen, bei welchem Schauspiele er auf einem der Thürme dieser Moschee als Zuschauer gesessen haben soll. Die Stadt wurde hierauf angezündet und geplündert.

Die Jumna = Moschee, von Schach Djihan erbaut, wird ebenfalls für ein Meisterwerk mohamedanischer Bau= kunst betrachtet; sie erhebt sich auf einer ungeheuren Platt= form, zu welcher vierzig Stufen hinaufführen und ragt wahrhaft majestätisch aus der sie umgebenden Häusermasse. Ihre Symmetrie ist überraschend. Die drei Dome und die kleinen Kuppeln an den Minareten sind von weißem Marmor, alles übrige, selbst die großen Platten, mit welchen der schöne Vorhof ausgelegt ist, von rothem Sandstein. Die eingelegten Zierrathen und Streifen an der Moschee sind ebenfalls von weißem Marmor.

Serai's gibt es viele mit oft wunderschönen Por= talen. Die Bäder sind unbedeutend.

––––

Den entfernteren Denkmälern Alt = Delhi's widmeten wir einen Ausflug von zwei Tagen. Der erste Halt wurde an der noch sehr gut erhaltenen „Purana-Kale" ge= macht. Alle großartigen, schönen Moscheen gleichen ein= ander sehr. Diese zeichnet sich durch Zierlichkeit, durch Reichthum und Correctheit an Sculpturen, durch ge= schmackvolle Einlegungen und durch ihre Größe aus. Drei leichtgewölbte hohe Kuppeln decken das Hauptgebäude, kleine Thürmchen zieren die Ecken, zwei hohe Minarete stehen an den Seiten. Die Innseiten der Dome und der Eingangspforte sind mit Thonglasur eingelegt und auch bemalt, die Farben zeichnen sich durch ihre Frische und ihren Glanz aus. Im Innern ist jede Moschee leer;

eine kleine Tribune für den Redner oder Vorbeter und
einige Glaslüster und Lampen bilden die ganze Aus=
schmückung.

Das Mausoleum des Kaisers Humaione, ganz
in dem Style einer Moschee, wurde von diesem Monarchen
selbst zu bauen angefangen. Da er aber früher starb als
es beendet war, ließ es sein Sohn Akbar vollenden.
Der hochgewölbte Tempel, in dessen Mitte der Sarcophag
steht, ist mit einigen Mosaikarbeiten in Halbedelsteinen
eingelegt. Statt der Fensterscheiben sind die Oeffnungen
mit kunstvoll ausgehauenen Steingittern versehen. In
Nebenhallen ruhen unter einfachen Sarcophagen mehrere
Weiber und Kinder des Kaisers Humaione.

Unweit dieses Monumentes ist das Grabmal Nizam=
ul=din's, eines sehr verehrten und heiligen Moha=
medaners. Es steht in einem kleinen Hofe, dessen Boden
mit weißem Marmor ausgetäfelt ist. Ein viereckiger
Marmorschirm, mit vier niedlichen kleinen Thüren, um=
gibt den schönen Sarcophag. Dieser Schirm ist noch zarter
und feiner ausgearbeitet als jener im Taj-Mahal; man
begreift kaum, wie es möglich war, in Stein solch ein
Kunstwerk zu schaffen. Die Thüren, die Zwischenpfeiler,
die eleganten Verbindungsbogen, sind überdeckt mit den
reinsten Reliefs, wie ich deren in den kunstsinnigsten
Städten Italiens keine vollendeteren gesehen habe. Der
Marmor hierzu ist von ausgezeichneter Weiße und Rein=
heit, des großen Kunstwerkes würdig.

Mehrere hübsche Monumente, alle aus weißem Mar=
mar, reihen sich an dieses. Man geht ziemlich achtlos

an ihnen vorüber, wenn man das vollendetste zuerst be-
schaut hat.

Viel Rühmens macht man auch von einem großen,
gemauerten Wasserbecken. Es ist auf drei Seiten von
Zellen umgeben, die bereits sehr verfallen sind; die vierte
Seite ist frei und von dieser führt eine herrliche, vierzig
Fuß breite Steintreppe in das Wasserbecken, das fünfund-
fünfzig Fuß tief ist. Jeder Pilger würde seine Wallfahrt
für ungültig halten, wenn er nicht gleich bei seiner Ankunft da hinein stiege.

Von den Terrassen der Zellen stürzen sich Taucher in
die Tiefe des Wasserbeckens und holen das kleinste Geld-
stück heraus, das man hinein wirft. Manche sollen so
behende sein, das Stück zu erhaschen, noch ehe es den
Grund berührt. Wir warfen manches Stück Geld hinein,
das sie auch jedesmal glücklich ans Tageslicht förderten,
ob sie es aber eher erhaschten als es den Grund berührte,
möchte ich kaum glauben. Sie blieben jederzeit lange
genug unter Wasser, um es nicht nur vom Grunde auf-
zuheben, sondern auch aufzusuchen. Die Sache war
allerdings bewundernswürdig, doch nicht, wie Reisende
behaupten, so außerordentlich, um ähnliches nicht auch
an andern Orten sehen zu können.

Unser letzter Besuch für diesen Tag galt dem herrlichen Monumente des Vezier Safdar-Dschang,
das ebenfalls eine Moschee vorstellt. An diesem Monumente fielen mir ganz vorzüglich die eingelegten Arbeiten
von weißem Marmor in rothem Sandstein an den vier
Minareten auf, sie waren so mannigfaltig und zart, so
rein ausgeführt, daß der geübteste Zeichner sie nicht zarter

und richtiger auf dem Papier wiedergeben könnte. Das=
selbe läßt sich von dem Sarcophage im Haupttempel sagen,
der aus einem Blocke schönen, weißen Marmors ge=
hauen ist.

Ein ziemlich gut erhaltener Garten, ganz nach
europäischer Art angelegt, umgibt das Monument.

Am Ende des Gartens, dem Mausoleum gegenüber,
steht ein kleiner, nieblicher Palast, meist dem König von
Luknau gehörig. Jetzt wird er von den wenigen in Neu=
Delhi ansäßigen Europäern stets in gutem Zustande er=
halten. Er ist mit einigen Möbeln versehen und dient
zur Aufnahme der Besucher dieser Ruinen.

Wir blieben hier über Nacht und fanden, Dank der
herzlichen und lieben Hausfrau Madame S p r e n g e r,
alle Bequemlichkeiten vom größten bis zum kleinsten. Das
erste und erfreulichste nach der langen Wanderung war
eine wohlbestellte Tafel. Doppelt dankenswerth sind solche
Aufmerksamkeiten, wenn man bedenkt, welch große Mühe
sie verursachen. Bei ähnlichen Partien bedarf man nicht
nur der Lebensmittel und des Koches, es muß auch für
Küchengeschirr, für Tafelservice, für Bettzeug, für Diener=
schaft, kurz für einen kleinen Haushalt gesorgt werden.
Ein solcher Zug, der immer vorausgesandt wird, gleicht
einer kleinen Umsiedlung.

Am folgenden Morgen ging die Reise nach Kotab-
Minar, einem der ältesten und prachtvollsten Baue der
Patanen (von diesem Völkerstamme leiten die Afghanen
ihren Ursprung her). Das merkwürdigste Stück an diesem
Denkmale ist die sogenannte „R i e s e n s ä u l e," ein
Vieleck von siebenundzwanzig Seiten oder halbrunden

Kanten, mit fünf Stockwerken ober Gallerien, deſſen
Durchmeſſer am Fundamente vierundfünfzig Fuß und deſſen
Höhe zweihundert ſechsundzwanzig Fuß beträgt. Eine
Wendeltreppe von 386 Stufen führt hinauf. Dieſer Bau
ſoll aus dem dreizehnten Jahrhundert von Kotab=ub=
bun ſtammen. Die Säule iſt aus rothem Sandſtein und
nur die oberſte Abtheilung iſt mit weißem Marmor ausgelegt; Verzierungen und wundervolle Sculpturen winden
ſich in breiten Streifen rund um die Säule; ſie ſind ſo
fein und nett gemeiſelt, daß ſie einem geſchmackvollen
Spitzenmuſter gleichen. Jede Beſchreibung von der Zart-
heit und dem Effecte dieſer Arbeit wird weit durch die
Wirklichkeit übertroffen. Die Säule iſt glücklicherweiſe
ſo gut erhalten, als wenn ſie kaum hundert Jahre ſtünde.
Die oberſte Abtheilung neigt ſich etwas vor (ob künſtlich
wie am Thurme zu Bologna iſt nicht ermittelt), ſie endigt
flach, gleich einer Terraſſe, was dem Baue nicht recht
anpaßt. Man weiß nicht ob früher etwas darauf ſtand.
Als die Engländer Delhi eroberten, war die Säule im
jetzigen Zuſtande.

Wir ſtiegen bis auf die höchſte Spitze, — eine über-
raſchende Anſicht der ganzen Trümmerwelt Neu=Delhi's,
des Jumna, der unbegränzten Fläche that ſich vor uns
auf. Hier in den ſtufenweiſe aufeinander gehäuften Ruinen
der Kaiſerſtädte könnte man die Geſchichte der Völker ſtu-
biren, die einſt Hindoſtan beherrſchten, — es war ein
großer, ein ergreifender Anblick!! —

Viele Stellen, auf welchen einſt prachtvolle Paläſte
und Monumente ſtanden, ſind jetzt mit Saaten überdeckt;

überall wo die Erde gelockert wird, stößt man auf Schutt und Gerölle.

Dem Thurme oder der Säule Kotab = Minar gegen= über steht ein ähnlicher unvollendeter Bau, dessen untere Basis bedeutend umfangreicher ist als jene des vollendeten. Man vermuthet, daß beide Thürme zu einer prachtvollen Moschee gehörten *), von welcher noch einige Höfe, Thore, Säulen, Wände u. s. w. vorhanden sind.

Diese wenigen Reste der Moschee zeichnen sich durch höchst vollendete Sculpturen aus, mit welchen Wände, Thore u. s. w. von außen und innen überdeckt sind. Die Eingangspforten haben eine bedeutende Höhe. Die Säulen in den Höfen sind buddhistischen Ursprunges; man sieht an ihnen die Glocke mit der langen Kette in Relief aus= gehauen.

In dem Vorhofe der Moschee steht eine metallene Säule, ähnlich jener zu Allahabad; nur hat sie auf der Spitze keinen Löwen, auch beträgt ihre Höhe nicht über sechsunddreißig Fuß. Man nennt sie „Feroze - Schachs-Lath." Man sieht an ihr einige Eindrücke und leichte Verletzungen, welche von den Mongolen herrühren sollen, die, als sie Delhi eroberten, in ihrer Zerstörungswuth auch diese Säule vernichten wollten. Sie versuchten sie umzustürzen, die Säule stand aber zu fest und mit allen Bemühungen gelang es ihnen nicht einmal, die daran befindliche Inschrift zu zerstören.

---

*) Wenn diese beiden Thürme zu einer Moschee gehören soll= ten, warum waren sie im Umfange des Baues so un= gleich? —

Die noch übrigen Patan- oder afghanischen Tempel und Monumente, die zerstreut unter andern Ruinen liegen, gleichen sich unter einander eben so sehr, als sie von den hindostanischen und mohamedanischen Bauten abweichen. Derlei Monumente bestehen gewöhnlich aus einem kleinen runden Tempel mit einer nicht sehr hohen Kuppel, welchen offene Arkaden, auf Säulen gestützt, umgeben.

Auch hier, nahe bei Kotab-Minar, findet der Reisende eine freundliche Wohnung. Die Ruine eines Gebäudes wurde zu einem Wohnhause von drei Zimmern umgeschaffen und mit einigen Möbeln versehen.

Auf dem Heimwege besuchten wir das Observatorium des berühmten Astronomen Jey-Singh. Wenn man jenes von Benares gesehen hat, so kann man dieses füglich unbesucht lassen. Beide wurden von demselben Meister, in demselben Style erbaut, — jenes in Benares ist aber noch vollkommen gut erhalten, während dieses hier schon zu sehr zur Ruine wurde. Manche Reisende betrachten dies Denkmal als eines der größten Wunderwerke.

Nahe dem Observatorium liegt die alte Madriſſa (Schulhaus), ein großes Gebäude mit vielen Zimmerchen für Lehrer und Schüler, und mit offenen Gallerien und Hallen, in welchen die Lehrer im Kreise der Jünger saßen und Unterricht ertheilten. Das Gebäude ist ziemlich vernachläßigt, wird aber theilweise noch von Privatpersonen bewohnt.

Der Madriſſa angereiht sind eine niedliche Moschee und ein sehr schönes Monument, beide von weißem Marmor. Letzteres ließ Aurang-Zeb seinem Vezier

Ghasy-al-dyn-Chan, dem Stifter der Madrißa,
setzen. Es ist eben so vollkommen gearbeitet wie jenes
des Heiligen Nizam-ul-din und scheint von demselben
Künstler geschaffen zu sein.

Der Palast des Feroze-Schach stößt an Neu-
Delhi, er liegt zwar ziemlich in Ruinen; allein die
Spuren des Walles sind doch noch stellenweise zu erkennen
und auch an den Resten der Gebäude ist noch manches
heraus zu finden. Der Vorhof der Moschee wurde vor
Kurzem durch den unermüdenden Eifer des hiesigen ge-
schätzten Redacteurs der englischen „Delhi-Zeitung,“
Herrn Kob, ans Tageslicht befördert. Er war von Schutt
und Steinmassen ganz bedeckt, so daß es unendlich viel
Mühe kostete, ihn davon zu befreien, — er ist sehr gut
erhalten. In diesem Palaste steht die dritte metallene
Säule, Feroze-Schachs-Lath; aus ihrer Inschrift er-
sieht man, daß sie schon hundert Jahre vor Chr. Geb.
existirte und so als eines der ältesten Monumente Indiens
betrachtet werden kann. Sie wurde zur Zeit, als man
diesen Palast baute, von Lahore hierher gebracht.

Die Purana-Killa oder das alte Fort, der Palast
der Bahar ist sehr verfallen. Man sieht Bruchstücke von
Thorwegen und Mauern, aus deren Höhe und Bauart
man auf die Größe des Palastes schließen kann.

Die Ruinen von Toglukabad sind ebenfalls sehr in
der Auflösung begriffen, es lohnt nicht der Mühe eine
Fahrt von sieben Meilen dahin zu machen.

Die noch übrigen, unzähligen Ruinen sind theils
ganz verfallen oder Wiederholungen der bereits beschriebenen, mit welchen sie sich jedoch an Größe, Pracht und

Schönheit nicht vergleichen laſſen. Für. Sachverständige, Alterthumsforſcher und Geſchichtsſchreiber mögen auch ſie von hohem Intereſſe ſein, — für mich, ich geſtehe es aufrichtig, hatten ſie keinen ſo großen Werth.

Noch muß ich der engliſchen Militär = Station erwähnen, die nahe bei Neu = Delhi auf niederen Hügeln liegt; die eigenthümliche Geſtaltung des Bodens macht eine Fahrt dahin äußerſt intereſſant. Man befindet ſich plötzlich in einem Gebiete mächtiger Felsblöcke rothen Sandſteines, zwiſchen welchen ſich ſchöne Bäume hervorarbeiten. An Ruinen fehlt es, wie in ganz Delhi, natürlich auch hier nicht.